Gute Zeit für die Seele

Ermutigende Geschichten

benno

Bibliografische Information der Deutschen Nationalbibliothek
Die Deutsche Nationalbibliothek verzeichnet diese
Publikation in der Deutschen Nationalbibliografie;
detaillierte bibliografische Daten sind im Internet unter
http://dnb.d-nb.de abrufbar.

ISBN 978-3-7462-4081-7

Zusammenstellung: Volker Bauch, Leipzig
Umschlaggestaltung und Layout: Ulrike Vetter, Leipzig
Umschlagabbildung: annamorella/Fotolia.com
Gesamtherstellung: Kontext, Lemsel (A)

Gute Zeit für die Seele

Verheißung

Menschen
die aus der Hoffnung leben
sehen weiter

Menschen
die aus der Liebe leben
sehen tiefer

Menschen
die aus dem Glauben leben
sehen alles
in einem anderen Licht

Lothar Zenetti

Inhalt

WIE DER GLAUBE TRÄGT

Wohin die Seele mit all ihren Sinnen
und Kräften nicht zu reichen vermag,
dorthin trägt sie der Glaube.

MEISTER ECKHART

Kann man Gott sehen?

Ein kleines Mädchen stellte seinem großen Bruder eine Frage, über die es lange nachgegrübelt hatte: „Jonas, kann man Gott sehen?"
Jonas war nicht so interessiert an den philosophischen Grübeleien seiner kleinen Schwester. Darum fertigte er sie ab mit einem kurzen: „Nein, Dummerchen. Gott ist so weit oben im Himmel, dass man ihn unmöglich sehen kann."
Doch das Mädchen war nicht zufrieden mit dieser Antwort. Darum fragte es einige Tage später seine Mutter: „Mama, kann man Gott sehen?" Die Mutter antwortete so ehrlich sie konnte: „Nein, mein Liebling, das kann man nicht. Gott ist die Liebe, die in unserem Herzen wohnt, aber wir können ihn nicht sehen."
Einige Zeit später nahm der Großvater das Mädchen mit auf einen Angelausflug. Als der Tag mit einem wunderbaren Sonnenuntergang ausklang, saßen das Mädchen und ihr Großvater still zusammen. Das Mädchen betrachtete seinen Großvater, dessen Gesicht von einem langen Leben zerfurcht war, aber eine große Ruhe und Geborgenheit ausstrahlte. Sie beschloss, die Frage, über die sie so lange nachgedacht hatte, noch einmal zu stellen. „Großvater, kann man Gott sehen?"
Der alte Mann saß eine ganze Weile still da. Dann wandte er sich seiner Enkelin zu und antwortete mit einem Lächeln: „Weißt du, allmählich ist es für mich so, dass, wohin auch immer ich schaue, ich nichts anderes als Gott sehe."

UNBEKANNT

Wie der Fingerhut dazu kam, der liebe Gott zu sein

Als ich vom Fenster forttrat, waren die Abendwolken immer noch da. Sie schienen zu warten. Soll ich ihnen auch eine Geschichte erzählen? Ich schlug es ihnen vor. Aber sie hörten mich gar nicht. Um mich verständlich zu machen und die Entfernung zwischen uns zu beschränken, rief ich: „Ich bin auch eine Abendwolke." Sie blieben stehen, offenbar betrachteten sie mich. Dann streckten sie mir ihre feinen, durchscheinenden rötlichen Flügel entgegen. Das ist die Art, wie Abendwolken sich begrüßen. Sie hatten mich erkannt.

„Wir sind über der Erde", – erklärten sie – „genauer über Europa, und du?" Ich zögerte: „Es ist da ein Land", – „Wie sieht es aus?", erkundigten sie sich. „Nun", entgegnete ich – „Dämmerung mit Dingen – Das ist Europa auch", lachte eine junge Wolke. „Möglich", sagte ich, „aber ich habe immer gehört: die Dinge in Europa sind tot." „Ja, allerdings", bemerkte eine andere verächtlich. „Was wäre das für ein Unsinn: lebende Dinge?" „Nun", beharrte ich, „meine leben. Das ist also der Unterschied. Sie können verschiedenes werden, und ein Ding, welches als Bleistift oder als Ofen zur Welt kommt, muss deshalb noch nicht an seinem Fortkommen verzweifeln. Ein Bleistift kann mal ein Stock, wenn es gut geht, ein Mastbaum, ein Ofen aber mindestens ein Stadttor werden."

„Du scheinst mir eine recht einfältige Abendwolke zu sein", sagte die junge Wolke, welche sich schon früher so wenig zurückhaltend ausgedrückt hatte. Ein alter Wolkerich fürchtete, sie könnte mich beleidigt haben. „Es gibt ganz verschiedene Länder“, begütigte er, „ich war einmal über ein kleines deutsches Fürstentum geraten, und ich glaube bis heute nicht, dass das zu Europa gehörte.“ Ich dankte ihm und sagte: „Wir werden uns schwer einigen können, sehe ich. Erlauben Sie, ich werde Ihnen einfach das erzählen, was ich in der letzten Zeit unter mir erblickte, das wird wohl das beste sein.“ „Bitte“, gestattete der weise Wolkerich im Auftrage aller.

Ich begann: „Menschen sind in einer Stube. Ich bin ziemlich hoch, müsst ihr wissen, und so kommt es: sie sehen für mich wie Kinder aus; deshalb will ich auch einfach sagen: Kinder. Also: Kinder sind in einer Stube. Zwei, fünf, sechs, sieben Kinder. Es würde zu lange dauern, sie um ihre Namen zu fragen. Übrigens scheinen die Kinder eifrig etwas zu besprechen; bei dieser Gelegenheit wird sich ja der eine oder der andere Name verraten. Sie stehen wohl schon eine ganze Weile so beisammen, denn der älteste (ich vernehme, dass er Hans gerufen wird) bemerkt gleichsam abschließend: ‚Nein, so kann es entschieden nicht bleiben. Ich habe gehört, früher haben die Eltern den Kindern am Abend immer, oder wenigstens an braven Abenden – Geschichten erzählt bis zum Einschlafen. Kommt so etwas heute vor?‘ Eine kleine Pause, dann antwortet Hans selbst: ‚Es kommt nicht vor, nirgends. Ich für meinen Teil, auch weil ich schon groß bin gewissermaßen, schenke ihnen ja gern diese paar elenden Drachen, mit denen sie sich quälen würden, aber immerhin, es gehört sich, dass sie uns sagen, es gibt Nixen, Zwerge, Prinzen und Ungeheuer.‘ ‚Ich habe eine Tante,‘ bemerkte eine Kleine, ‚die erzählt mir manchmal‘ – ‚Ach was‘, schneidet Hans kurz ab, ‚Tanten gelten nicht, die lügen.' Die ganze Gesellschaft war sehr eingeschüchtert angesichts dieser kühnen, aber unwiderlegten Behauptung. Hans fährt fort: ‚Auch handelt es sich hier vor allem um die Eltern, weil diese gewissermaßen die Verpflichtung haben, uns in dieser Weise zu unterrichten; bei den anderen ist es mehr Güte. Verlangen kann man es nicht von ihnen. Aber gebt nur mal Acht: was tun unsere Eltern? Sie gehen mit bösen gekränkten Gesichtern umher, nichts ist ihnen recht, sie schreien und schelten, aber dabei sind sie doch so gleichgültig, und wenn die Welt unterginge, sie würden es kaum bemerken. Sie haben etwas, was sie Ideale nennen. Vielleicht ist das auch so eine Art kleine Kinder, die nicht allein bleiben dürfen und sehr viel Mühe machen; aber dann hätten sie eben uns nicht haben dürfen. Nun, ich denke so, Kinder: dass die Eltern uns vernachlässigen, ist traurig, gewiss. Aber wir würden das dennoch ertragen, wenn es nicht ein Beweis wäre dafür, dass die Großen überhaupt dumm werden, zurückgehen, wenn man so sagen darf. Wir können ihren Verfall nicht aufhalten; denn wir können den ganzen Tag keinen Einfluss auf sie ausüben, und kommen wir spät aus der Schule nach Haus, wird kein Mensch verlangen, dass wir uns hinsetzen und versuchen, sie für etwas Vernünftiges zu interessieren. Es tut einem auch recht weh, wenn man so unter der Lampe sitzt und sitzt, und die Mutter begreift nicht einmal den pythagoräischen Lehrsatz. Nun, es ist einmal nicht anders. So werden die Großen immer dümmer werden ... es schadet nichts: was kann uns dabei verloren gehen? Die Bildung? Sie ziehen den Hut vor einander, und wenn eine Glatze dabei zum Vorschein kommt, so lachen sie. Überhaupt: sie lachen beständig.

Wenn wir nicht dann und wann so vernünftig wären, zu weinen, es gäbe durchaus kein Gleichgewicht auch in diesen Angelegenheiten. Dabei sind sie von einem Hochmut: sie behaupten sogar, der Kaiser sei ein Erwachsener. Ich habe in den Zeitungen gelesen, der König von Spanien sei ein Kind, so ist es mit allen Königen und Kaisern, – lasst euch nur nichts einreden! Aber neben allem Überflüssigen haben die Großen doch etwas, was uns durchaus nicht gleichgültig sein kann: den lieben Gott. Ich habe ihn zwar noch bei keinem von ihnen gesehen, – aber gerade das ist verdächtig. Es ist mir eingefallen, sie könnten ihn in ihrer Zerstreutheit, Geschäftigkeit und Hast irgendwo verloren haben. Nun ist er aber etwas durchaus Notwendiges. Verschiedenes kann ohne ihn nicht geschehen, die Sonne kann nicht aufgehen, keine Kinder können kommen, aber auch das Brot wird aufhören. Wenn es auch beim Bäcker herauskommt, der liebe Gott sitzt und dreht die großen Mühlen. Es lassen sich leicht viele Gründe finden, weshalb der liebe Gott etwas Unentbehrliches ist. Aber soviel steht fest, die Großen kümmern sich nicht um ihn, also müssen wir Kinder es tun. Hört, was ich mir ausgedacht habe. Wir sind genau sieben Kinder. Jedes muss den lieben Gott einen Tag tragen, dann ist er die ganze Woche bei uns, und man weiß immer, wo er sich gerade befindet.‘

Hier entstand eine große Verlegenheit. Wie sollte das geschehen? Konnte man denn den lieben Gott in die Hand nehmen oder in die Tasche stecken? Dazu erzählte ein Kleiner: ‚Ich war allein im Zimmer. Eine kleine Lampe brannte nahe bei mir, und ich saß im Bett und sagte mein Abendgebet – sehr laut. Es rührte sich etwas in meinen gefalteten Händen. Es war weich und warm und

wie ein kleines Vögelchen. Ich konnte die Hände nicht auftun, denn das Gebet war noch nicht aus. Aber ich war sehr neugierig und betete furchtbar schnell. Dann beim Amen machte ich so (der Kleine streckte die Hände aus und spreizte die Finger), aber es war nichts da.'
Das konnten sich alle vorstellen. Auch Hans wusste keinen Rat. Alle schauten ihn an. Und auf einmal sagte er: ,Das ist ja dumm. Ein jedes Ding kann der liebe Gott sein. Man muss es ihm nur sagen.' Er wandte sich an den ihm zunächst stehenden, rothaarigen Knaben. ,Ein Tier kann das nicht. Es läuft davon. Aber ein Ding, siehst du, es steht, du kommst in die Stube, bei Tag, bei Nacht: es ist immer da, es kann wohl der liebe Gott sein.' Allmählich überzeugten sich die anderen davon. ,Aber wir brauchen einen kleinen Gegenstand, den man überall mittragen kann, sonst hat es ja keinen Sinn. Leert einmal alle eure Taschen aus.' Da zeigten sich nun sehr seltsame Dinge: Papierschnitzel, Federmesser, Radiergummi, Federn, Bindfaden, kleine Steine, Schrauben, Pfeifen, Holzspänchen und vieles andere, was sich aus der Ferne gar nicht erkennen lässt, oder wofür der Name mir fehlt. Und alle diese Dinge lagen in den seichten Händen der Kinder, wie erschrocken über die plötzliche Möglichkeit, der liebe Gott zu werden, und welches von ihnen ein bisschen glänzen konnte, glänzte, um dem Hans zu gefallen. Lange schwankte die Wahl. Endlich fand sich bei der kleinen Resi ein Fingerhut, den sie ihrer Mutter einmal weggenommen hatte. Er war licht, wie aus Silber, und um seiner Schönheit willen wurde er der liebe Gott. Hans selbst steckte ihn ein, denn er begann die Reihe, und alle Kinder gingen den ganzen Tag hinter ihm her und waren stolz auf ihn. Nur schwer einigte man sich,

wer ihn morgen haben sollte, und Hans stellte in seiner Umsicht dann das Programm gleich für die ganze Woche fest, damit kein Streit ausbräche. Diese Einrichtung erwies sich im Ganzen als überaus zweckmäßig. Wer den lieben Gott gerade hatte, konnte man auf den ersten Blick erkennen. Denn der Betreffende ging etwas steifer und feierlicher und machte ein Gesicht wie am Sonntag. Die ersten drei Tage sprachen die Kinder von nichts anderem. Jeden Augenblick verlangte eines den lieben Gott zu sehen, und wenn sich der Fingerhut unter dem Einfluss seiner großen Würde auch gar nicht verändert hatte, das Fingerhutliche an ihm erschien jetzt nur als ein bescheidenes Kleid um seine wirkliche Gestalt. Alles ging nach der Ordnung vor sich. Am Mittwoch hatte ihn Paul, am Donnerstag die kleine Anna. Der Samstag kam. Die Kinder spielten Fangen und tollten atemlos durcheinander, als Hans plötzlich rief: ‚Wer hat denn den lieben Gott?' Alle standen. Jedes sah das andere an. Keines erinnerte sich, ihn seit zwei Tagen gesehen zu haben. Hans zählte ab, wer an der Reihe sei; es kam heraus: die kleine Marie. Und nun verlangte man ohne weiteres von der kleinen Marie den lieben Gott. Was war da zu tun? Die Kleine kratzte in ihren Taschen herum. Jetzt fiel ihr erst ein, dass sie ihn am Morgen erhalten hatte; aber jetzt war er fort, wahrscheinlich hatte sie ihn hier beim Spielen verloren. Und als alle Kinder nach Hause gingen, blieb die Kleine auf der Wiese zurück und suchte. Das Gras war ziemlich hoch. Zweimal kamen Leute vorüber und fragten, ob sie etwas verloren hätte. Jedesmal antwortete das Kind: ‚Einen Fingerhut' – und suchte. Die Leute taten eine Weile mit, wurden aber bald des Bückens müde, und einer riet im Fortgehen: ‚Geh lieber nach Haus, man kann ja einen neuen kaufen.' Dennoch suchte Mariechen weiter. Die Wiese wurde immer fremder in der Dämmerung, und das Gras begann nass zu werden. Da kam wieder ein Mann. Er beugte sich über das Kind: ‚Was suchst du?' Jetzt antwortete Mariechen, nicht weit vom Weinen, aber tapfer und trotzig: ‚Den lieben Gott.' Der Fremde lächelte, nahm sie einfach bei der Hand, und sie ließ sich führen, als ob jetzt alles gut wäre. Unterwegs sagte der fremde Mann: ‚Und sieh mal, was ich heute für einen schönen Fingerhut gefunden habe.' –"

Die Abendwolken waren schon längst ungeduldig. Jetzt wandte sich der weise Wolkerich, welcher indessen dick geworden war, zu mir: „Verzeihen Sie, dürfte ich nicht den Namen des Landes – über welchem Sie –" Aber die anderen Wolken liefen lachend in den Himmel hinein und zogen den Alten mit.

RAINER MARIA RILKE

Die Ballade von meiner Bibel

Drei Baracken: in der ersten liegen wir vor der Filzung, in der zweiten wird gefilzt, in die dritte kommt man danach, – gut ausgedacht, damit keine Schmuggeleien vorkommen, aber so schlampig durchgeführt wie meist bei den Russen, sodass man außerhalb der Baracken doch zusammenkommen konnte und die Noch-Nicht-Gefilzten den Schon-Gefilzten das zustecken konnten, was sie nicht durch die Kontrolle gehen lassen wollten. Außerdem sah man im Dämmerschein da und dort im Freien Gestalten sich mit gespielter Harmlosigkeit hinsetzen, scheinbar unabsichtlich mit den Fingern in der Erde scharren und so heimlich Dinge vergraben, auf die, wie man wusste, die Russen Appetit hatten, vom Rasierapparat bis zum Marschkompass, in der Hoffnung, es später wieder ausbuddeln zu können. Ich hatte auch einiges auf diese Weise sichergestellt, aber Bücher waren mir für das Vergraben zu schade und so fragte ich einen, der die Sache schon hinter sich hatte, einen Juristen von meiner früheren Division, ob er sie mir nicht aufbewahren wolle, vor allem die Bibel, an der mir mehr liege als an allem anderen. Es war eine kleine „Senfkorn-Bibel“, das Geschenk ausgewanderter Freunde, die mich nun seit Jahren unzertrennlich begleitete. Die Bücher übernehme er gern, „aber die Bibel, nein, ich meine, die Bibel musst du offen durchtragen. Die *kann* dir ja gar nicht genommen werden“. Ich schaute ihn groß an. Zum ersten Mal erkannte ich, dass ein Engel aussehen kann wie ein kleiner

Rechtsanwalt aus Crossen a. d. Oder; denn das war doch offenbar das Wort eines Engels an mich ...

HELMUT GOLLWITZER

„Dein Glaube hat dir geholfen“

Eine Nacherzählung von Mk 5,24–34

Zwölf Jahre waren es damals gewesen, seit ich an Blutungen litt. Die Menschen mieden den Kontakt zu mir. Die Ärzte waren ratlos.

An jenem Tag hörte ich, dass der Wanderprediger Jesus in der Stadt sein sollte. Gerüchten zufolge war er wohl gerade auf dem Weg vom See zu dem Haus von Jairus, dessen Tochter sehr krank war und die er heilen sollte. Ich war fest davon überzeugt: Wenn einer mir helfen konnte, wieder gesund zu werden, dann war er es: Jesus.

Die Suche erwies sich als nicht besonders schwierig, man musste nur der Menschenmenge folgen. Zum Glück waren die Leute so von Jesus eingenommen, dass niemand auf mich achtete. Als ich die vielen Leute sah, die sich um ihn herum drängten, wusste ich, was ich zu tun hatte: Ich musste nur einmal sein Gewand berühren und ich würde gesund werden.

So unauffällig wie möglich schob ich mich durch die Menge hindurch und schaffte es tatsächlich, ihm so nahe zu kommen, dass ich ein Stück seines Gewandes berühren konnte. Kaum, dass ich das getan hatte, spürte ich, wie die Schmerzen nachließen und schließlich sogar ganz verschwanden.

„Wer hat mich berührt?“, hörte ich Jesus fragen und bemerkte aus den Augenwinkeln, wie er sich umdrehte, um zu sehen, wer es getan hatte.

Ich fühlte mich ertappt und überlegte für einen kurzen Augenblick, einfach davon zu laufen. Ich fühlte mich wie eine Diebin, und irgendetwas sagte mir, dass es besser war, mit der Wahrheit herauszurücken. Also schob ich mich wieder durch das Gedränge zu Jesus hindurch.
Mein Herz raste vor Angst. Jetzt war genau das geschehen, was ich vermeiden wollte. Ich musste dem Rabbi vor die Augen treten und zugeben, wer ich war und was geschehen war. Die Angst schnürte mir fast die Kehle zu, als ich ihm alles gestand.
Atemlos wartete ich darauf, dass er mich mit Vorwürfen überschütten würde. Doch nichts dergleichen geschah. Stattdessen traf mich ein liebevoller Blick von Jesus. „Meine Tochter", sagte er, „dein Glaube hat dir geholfen. Geh in Frieden! Du sollst von deinem Leiden geheilt sein."
Er war nicht böse auf mich. Ich durfte gesund sein! Und darüber hinaus hatte er mich sogar als seine Tochter bezeichnet! Jesus hat mich nicht als Fremde wieder weggeschickt! Er hat mich geheilt und mich in seine Gemeinschaft aufgenommen. Jetzt war ich nicht mehr allein. In seinem Frieden konnte ich mein Leben neu beginnen.

ANDREA CHRIST

Die verschwundenen Rubel

„Halt!“, meldete sich ein Mann mit runden Ochsenaugen, der die ganze Zeit in der Ecke am Fenster gesessen und rauchend den Gesprächen über Diebstähle, Raubanfälle und ähnliche Verbrechen zugehört hatte. „Nun will ich euch eine schöne Geschichte von einem Diebstahl erzählen, der bei uns passiert ist, und ausgerechnet im Bejsmedresch und dazu noch an einem Jom Kippur! Ihr könnt zuhören.

Unser Städtchen Kaßrilowka – ich bin nämlich ein Kaßrilowker – ist ein armes, kleines Städtchen, und es gibt bei uns keine Diebe. Man stiehlt bei uns nicht, denn man hat keinen, den man bestehlen kann, und nichts, was man stehlen könnte. Und schließlich und endlich ist doch der Jude kein Dieb. Das heißt, der Jude ist im Grunde genommen doch ein Dieb, aber keiner, der durchs Fenster in eine Wohnung steigt oder einen Menschen mit dem Messer überfällt. Drehen, hineindrehen, umdrehen und einem den Kopf abdrehen, das kann der Jude; aber die Hand in eine fremde Tasche stecken, so dass man ihn erwischt und einsperrt – das passt wohl für einen Verbrecher, aber für einen Juden ... Nun stellt euch vor: bei uns in Kaßrilowka gab es einmal doch einen Diebstahl, und was für einen Diebstahl! Achtzehnhundert Rubel auf einen Schlag! Eines Tages kommt zu uns in die Stadt ein Fremder, irgendein Bauunternehmer aus Litauen. Er kommt gerade am Vorabend von Jom Kippur um die Stunde des Nachmittagsgebets. Er steigt natürlich im

Gasthaus ab, lässt dort sein Gepäck zurück und begibt sich direkt ins alte Bejsmedresch. Wie er zum Nachmittagsgebet ins Bejsmedresch kommt, sitzen die Gabbojim vor der Geldschüssel.
,Friede sei mit Euch!' – ,Auch mit Euch sei Friede!' – ,Woher kommt Ihr?' – ,Aus Litauen.' – ,Wie heißt Ihr?' – ,Was geht's Euch an?' – ,Ihr wollt doch in die Schul?' – ,Wohin soll ich denn wollen?' – ,Ihr wollt wohl bei uns beten?' – ,Bleibt mir denn was anderes übrig?' – ,Dann müsst Ihr doch etwas in die Schüssel geben.' – ,Was denn sonst? Werde ich bei Euch umsonst beten?' Kurz und gut, der Fremde zieht drei silberne Rubel aus der Tasche und legt sie in die große Schüssel. Außerdem einen Rubel in den Teller des Chasn, einen Rubel für die Talmud-Thora, einen weiteren Rubel für den Row und einen halben Rubel für die Armen, außerdem Kleingeld, das er unter den Bettlern vor der Türe verteilt hat. Wir haben nämlich, unberufen, so viel Bettler, dass man das Vermögen eines Rothschild haben müsste, um sich mit ihnen ordentlich abzugeben.
Als man sah, dass man es mit so einem Menschen zu tun hatte, trat man ihm einen Platz an der Ostwand ab. Werdet ihr fragen, wo man den Platz hergenommen hat, da doch alle Plätze in festen Händen sind? Das ist gar keine Frage. Genau dasselbe ist doch bei einer Hochzeit oder bei einem Bris: es ist gesteckt voll und plötzlich kommen alle in Bewegung. Was ist los? Der reiche Mann ist gekommen! Drückt man sich so zusammen, dass es einen Platz für den Reichen gibt. Das Drücken ist nämlich eine jüdische Sache: wenn sie niemand anderer drückt, so drücken sie sich selbst ..." Der Mann mit den runden Augen macht eine Pause, lässt den Blick über die

Zuhörer schweifen, um festzustellen, welchen Eindruck auf sie der Witz machte, und fährt fort.

„Kurz und gut, unser Fremder bekam einen Ehrenplatz und ließ sich vom Schammes ein Betpult geben. Zu Kol Nidre zog er sich Talles und Kittel an und stellte sich beten. Und er betete und betete und setzte sich für keinen Augenblick hin; vom Hinlegen rede ich schon gar nicht! Für keinen Augenblick ging der Litwak von seinem Betpult weg, außer wenn man Schmejn Eßre betete oder niederknien musste ... Vierundzwanzig Stunden fasten und sich für keinen Augenblick hinsetzen – das kann eben nur ein Litwak! ...

Erst nach dem letzten Schofarblasen, wie man mit dem gewöhnlichen Abendgebet beginnt und Chajim-Channe, der Melammed, (Chajim-Channe hat seit undenklicher Zeit das Vorrecht, am Jom-Kippur-Ausgang das Abendgebet vorzubeten) mit seiner Ziegenstimme ‚Der du die Abende dämmern lässt' anstimmt, hört man ein entsetzliches Geschrei: ‚Gewalt! Gewalt!' man schaut hin – der Litwak liegt ohnmächtig da. Man begießt ihn mit Wasser – es nützt nichts! Was ist das für eine Geschichte? Eine schöne Geschichte. Er hatte bei sich, der Litwak, meine ich, achtzehnhundert Rubel gehabt. Er hatte Angst, sagt er, sie im Gasthaus zurückzulassen – es ist doch wirklich kein Spaß – achtzehnhundert Rubel! Wem kann man eine solche Riesensumme in einer wildfremden Stadt anvertrauen? Das Geld am Jom-Kippur in der Tasche zu haben, – schickt sich nicht. Also kam er auf den Einfall, sagt er, das Geld unbemerkt in das Betpult hineinzulegen – was ein Litwak nicht alles kann! Jetzt versteht ihr schon, warum er für keinen Augenblick vom Betpult wegging? ... Aber beim Schmejn-Eßre oder beim Niederknien hat wohl jemand das Geld herausgenommen.

Kurz und gut, er schreit und jammert und ist ganz außer sich: Was soll er jetzt anfangen? Es ist, sagt er, fremdes Geld, es ist nicht sein Geld, er ist nur Bevollmächtigter von einem Kontor, er selbst ist ein Bettler, sagt er, mit Kindern gesegnet! Es bleibt ihm, sagt er, nichts anderes übrig, als ins Wasser zu gehen oder sich aufzuhängen, sagt er, und zwar hier gleich in der Schul, vor aller Augen!! ...

Als die Leute diese Worte hörten, erstarrten sie zu Stein. Man vergaß sogar, dass man den ganzen Tag gefastet hatte und nach Hause eilen musste, um sich zu stärken. Wir schämten uns vor dem Fremden und vor uns selbst. So ein Diebstahl – ganze achtzehnhundert Rubel! Und wo? Im Bejsmedresch, im alten Kaßrilowsker Bejsmedresch! Und wann? Am Jom-Kippur! So etwas hat man doch noch nicht gehört, seit die Welt steht!

‚Schammes, schließ die Tür!', ertönt plötzlich die Stimme von unserm Row. Unser Row, er heißt Reb Jussifl, ist ein ordentlicher, frommer Mann, eine reine Seele; vielleicht nicht übermäßig klug, aber ein guter Charakter, ein Mensch ohne Galle. Manchmal hat er Einfälle, auf die kein Mensch kommen kann, und wenn er auch achtzehn Köpfe hat! Sobald man die Tür vom Bejsmedresch geschlossen hat, wendet sich Reb Jussifl zur ganzen Gemeinde. Er ist blass wie die Wand, und die Hände zittern ihm, und die Augen brennen:

‚Rabbessai, hört mich an. Es ist eine hässliche Geschichte. So was hat man noch nicht gehört, seit die Welt steht. Dass bei uns in Kaßrilowka sich ein Sünder finden soll, ein Verbrecher in Israel, der einem wildfremden Menschen, einem Familienvater so eine Summe stiehlt! Und wann? An einem so heiligen Tag wie Jom-Kippur, vielleicht sogar während der Neïla. So was hat man noch nicht gehört, seit die Welt steht! Ich kann mir es gar nicht denken, die Sache ist einfach unmöglich! Wenn sich vielleicht doch jemand gefunden hat, den es nach Geld gelüstete, und dazu nach einer solchen Summe wie achtzehnhundert Rubel, der böse Trieb ist ja, Gott sei es geklagt, mächtig genug – wenn jemand von uns gestrauchelt ist, wenn jemand, nebbich, das Unglück beschert war, an einem solchen Tag so eine Sünde zu begehen, so müssen wir uns Mühe geben, die Sache zu untersuchen und zu ergründen. Himmel und Erde haben geschworen, dass die Wahrheit wie Baumöl auf dem Wasser an die Oberfläche kommen muss. Darum', sagt er, ,müssen wir einander durchsuchen, betasten, uns die Taschen herauswenden, vom reichsten Bürger', sagte er, ,bis zum Schammes, ohne jemand auszulassen. Kommt, Juden, durchsucht mich!'

So sprach unser Row, Reb Jussifl, und mit diesen Worten löste er sich den Gürtel und wendete alle Taschen heraus. Seinem Beispiel folgend, nahmen sich alle Bürger die Gürtel ab, knöpften sich die Kaftans auf und wendeten die Taschen heraus. Und man durch suchte, betastete und durchschüttelte einander, bis die Reihe an Leiser-Jossel kam. Und als die Reihe an Leiser- Jossel kam, fing er an, lange Geschichten zu machen, und erklärte vor allen Dingen, dass der Fremde ein Schwindler ist: der Litwak hat die Geschichte glatt erfunden, niemand hat bei ihm das Geld gesehen, alles ist Lug und Trug! ,Seht ihr denn nicht selbst, dass es ein Schwindel ist?'

Machten die Leute großen Lärm: ,Was soll das heißen? Die vornehmsten Bürger ließen sich durchsuchen, warum soll man plötzlich bei Leiser-Jossel eine Ausnahme machen? Hier gibt es keine Aristokraten! Durchsuchen! Durchsuchen!'

Wie Leiser-Jossel merkt, dass die Sache schlimm für ihn steht, beginnt er mit Tränen in den Augen zu flehen, dass man ihn doch nicht durchsuchen möchte. Er beteuert mit allen Eiden, dass er ebenso rein von allem Übel sein möchte, wie rein er von dieser Sünde ist. Er schämt sich aber, sagt er, sich durchsuchen zu lassen. Man möchte Erbarmen mit seinen jungen Jahren haben und ihm diese Schande nicht antun. ‚Tut mit mir', sagt er, ‚was ihr wollt, durchsucht mich aber nicht.'

Wie gefällt euch so ein Kerl? Glaubt ihr vielleicht, dass man auf ihn gehört hat? Dass man ihm diese Ehre erwies? ...

Aber halt! Ich vergaß euch zu sagen, wer Leiser-Jossel ist. Dieser Leiser-Jossel ist eigentlich kein Kaßrilowker, der Teufel weiß, wo er zu Hause ist, aber er hatte nach Kaßrilowka geheiratet. Unser Reicher hatte diesen Edelstein irgendwo für seine Tochter aufgegabelt, nach Kaßrilowka gebracht und mit ihm geprahlt: er kann tausend Blatt Talmud auswendig, kennt sich gut in der ganzen Schrift aus, kann gut Hebräisch, Rechnen und Algebra und ist ein großer Schreibkünstler – kurz ein Edelstein mit allen siebzehn Vorzügen! Als er diese Kostbarkeit nach Kaßrilowka gebracht hatte, kamen die Leute herbei, das Wunder anzustaunen. Wenn man ihn bloß von außen anschaut, kann man nichts sagen: ein ganz gewöhnlicher junger Mann, nicht hässlich, wenn auch die Nase etwas zu lang ist. Die Augen leuchten wie zwei brennende Kohlen, und das Mundwerk – Pech und Schwefel! Man fühlte ihm auf den Zahn, ließ sich von ihm ein Blatt Talmud, ein Stück aus der Schrift, eine Stelle aus dem Maimonides erklären – flammendes Feuer! Der Hund kennt sich in allen Dingen so gut aus wie der Goj in den Psalmen. Wo man ihn nur antippt – überall ist er zu Hause! Reb Jussifl selbst sagte von ihm, dass er in jeder beliebigen jüdischen Gemeinde Row sein könnte ...

Und von den modernen Wissenschaften rede ich schon gar nicht. Wir haben im Städtchen einen Philosophen, einen ganz verdrehten Kerl, Seidel Reb Schajes heißt er, und dieser ist ein Hund gegen Leiser-Jossel! Und wie er Schach spielen kann – so einen Schachspieler gibt es nicht auf der ganzen Welt. Was soll ich euch viel erzählen – ich sage euch ja, ein geratener junger Mann! Natürlich beneiden alle Leute unsern Reichen um so einen Schatz, obwohl man munkelt, dass der Schatz doch nicht so ganz prima ist. Es gefällt nämlich den Leuten nicht, dass er zu klug ist (alles, was ‚zu' ist, ist von Übel) und zu wenig Stolz hat: er gibt sich mit jedem ab wie mit seinesgleichen, selbst mit dem Geringsten, mit jedem Burschen, auch mit einem Mädel und sogar mit einer verheirateten Frau ... Dann gefallen seine Manieren nicht: immer ist er zerstreut, kommt in die Schul später als alle, wirft sich den Talles um, nimmt irgendeinen ‚Quell lebenden Wassers' oder ein anderes Buch vor und studiert und denkt gar nicht ans Beten! Man kann nicht sagen, dass man an ihm etwas Schlechtes gesehen hätte, aber man munkelt, dass er nicht übermäßig gottesfürchtig ist. Es gibt eben keinen Menschen, der alle Vorzüge und gar keine Fehler hätte! Und als dieser Leiser-Jossel sich weigerte, sich durchsuchen zu lassen, war es ja allen klar, dass er das Geld hat. Sagt er, man soll ihn foltern, man soll ihn schneiden, stechen, braten, brennen, nur nicht durchsuchen. Da geriet sogar unser Reb Jussifl, obwohl

er ein Mensch ohne Galle ist, außer sich und fing zu schreien an:
‚Du so einer und so einer! Du verdienst, dass man dich, ich weiß nicht was! Unerhört! Du siehst, wie man den Juden das Blut abzapft, wie alle sich aus der Schande nichts machen und sich durchsuchen lassen, und du willst dich von der Gemeinschaft ausschließen?! So oder so: entweder gestehst du und gibst das Geld heraus, oder du zeigst deine Taschen her! Du willst einer ganzen Gemeinde, unberufen, trotzen? Man wird dich doch gleich, ich weiß nicht was!'
Kurz und gut, die Leute fielen über ihn her, legten ihn gewaltsam hin und begannen, ihn zu durchsuchen, zu betasten und zu schütteln, und man fand in seinen Taschen ... Nun, ratet einmal, was man gefunden hat? Abgenagte Knochen von einem Viertelhuhn und ein Dutzend ganz frische Kerne von eben erst gegessenen Pflaumen! Ihr versteht doch, wie schön es sich machte, als man bei unserm Edelstein diese Dinge fand? ... Ihr versteht, wie er dastand und was für Gesichter sein Schwiegervater und der Row, nebbich, machten? Unser Row Reb Jussifl wandte sich verschämt weg und konnte niemand in die Augen schauen. Und als die Leute später aus dem Bejsmedresch nach Hause gingen, um sich zu stärken, hörten sie gar nicht auf, über den Schatz zu sprechen, den man in seinen Taschen gefunden hatte. Und alle schüttelten sich vor Lachen! Reb Jussifl ging ganz allein, den Kopf auf die Brust gesenkt, seufzte und ächzte und schämte sich, als ob man alle diese Sachen in seinen Taschen gefunden hätte ..." Der Mann war mit seiner Geschichte anscheinend fertig. Denn er fing wieder zu rauchen an.

„Nun, und das Geld?“ fragten ihn alle wie aus einem Munde.
„Was für Geld?“ Er stellt sich einfältig und bläst den Rauch vor sich hin.
„Was heißt, was für Geld? Die achtzehnhundert Rubel ...“
„Ach so“, sagte er gedehnt, „die achtzehnhundert Rubel?“
„Hat man die gefunden?“
„Die waren weg.“

SCHOLEM ALEJCHEM

Brücke der Musik

Es war einmal eine kleine Melodie, die war im Herzen eines jungen Mannes entstanden. Sie war so zart und fein wie Silberfiligran, so unbeschwert wie das Himmelsblau am ersten Frühlingstag. Rein war sie und silberhell wie der munter dahin eilende Forellenbach. Der junge Mann freute sich über seine kleine Melodie. Er fand sie so schön, dass er sie dem Herrgott schenken wollte.
Der Herrgott lächelte, als er sie hörte. „Mein Sohn, deine Melodie ist so wunderschön, dass ich dir helfen will, damit sie vollkommen werde." Und er schenkte ihm die Liebe. Da wandelte sich die Melodie im Herzen des jungen Mannes. Sie behielt ihre Fröhlichkeit, aber sie wurde tief und innig. Und wieder ging der junge Mann zum Herrgott und legte ihm sein kleines Werk zu Füßen. Zustimmend nickte der Herrgott, aber er war noch nicht ganz zufrieden. Er schickte ihn wiederum unter die Menschen und schenkte ihm diesmal das Leid.
Da reifte er zum Mann. Er kämpfte und überwand das Leid und wuchs über sich selbst hinaus. Die kleine Melodie aber lebte weiter in seinem Herzen und reifte mit ihm. Vor dem Hintergrund einer leisen Schwermut schien nun ihre Fröhlichkeit noch beschwingter und ihre Zartheit noch köstlicher als vorher.
Still trat nun der Mann vor Gott: „Herr, nimm meine kleine Melodie in Gnaden an, ich habe mein Herzblut hinein verströmt, ich habe nichts Besseres mehr zu geben."
Gütig lächelte der Herrgott: „Ich habe noch ein Geschenk

für dich bereit, das letzte und schwerste." Und er schenkte ihm die Einsamkeit.
Da schwiegen um ihn die Stimmen dieser Welt. Und die Melodie machte noch einmal eine Wandlung durch, wurde vergeistigt durch die Bitterkeit und die Gnade der Einsamkeit, die der Greis erfuhr.
Da nahm der Herrgott die Melodie und sprach: „Nun ist sie vollkommen."
Und er schenkte sie den Menschen. Und jeder, der sie hörte, war tief beglückt.

EVA HÖNICK

Die Alte, die auf Gott wartete

Es war einmal eine alte Frau, der hatte der liebe Gott versprochen, sie heute zu besuchen. Darauf war sie nun natürlich nicht wenig stolz. Sie scheuerte und putzte, backte und tischte auf. Und dann fing sie an, auf den lieben Gott zu warten.

Auf einmal klopfte es an die Tür. Geschwind öffnete die Alte, aber als sie sah, dass draußen nur ein armer Bettler stand, sagte sie: „Nein, in Gottes Namen, geh heute deiner Wege! Ich warte eben gerade auf den lieben Gott, ich kann dich nicht aufnehmen!" Und damit ließ sie den Bettler gehen und warf die Tür hinter ihm zu.

Nach einer Weile klopfte es von Neuem. Die Alte öffnete diesmal noch geschwinder als beim ersten Mal. Aber wen sah sie draußen stehen? Einen armen alten und kranken Mann. „Ich warte heute auf den lieben Gott. Wahrhaftig, ich kann mich nicht um dich kümmern!" Sprach's und machte dem Alten die Tür vor der Nase zu.

Eine Weile später klopfte es von Neuem an die Tür. Doch als die Alte öffnete – da stand schon wieder ein zerlumpter und hungriger Bettler, der sie inständig um ein wenig Brot und um ein Dach über dem Kopf für die Nacht bat. „Ach, lass mich in Ruhe! Ich warte auf den lieben Gott! Ich kann dich nicht bei mir aufnehmen!" Der Bettler musste weiterwandern, und die Alte fing aufs Neue an zu warten.

Die Zeit ging hin, Stunde um Stunde. Es ging schon auf den Abend zu, und immer noch war der liebe Gott nicht zu sehen. Die Alte wurde immer bekümmerter. Wo mochte der liebe Gott geblieben sein? Zu guter Letzt musste sie betrübt zu Bett gehen. Bald schlief sie ein. Im Traum aber erschien ihr der liebe Gott. Er sprach zu ihr: „Dreimal habe ich dich aufgesucht, und dreimal hast du mich hinausgewiesen!“

LEGENDE

Das Brot

Wie Jeden Tag um sieben stand er an
nach Brötchen, dieser unscheinbare Mann.
Doch diesmal fragt der Bäcker: „Was ist mit Ihnen los?
Sie sehn so elend aus! Was hab'n sie bloß?"

„Mein Baby sagt seit gestern keinen Ton.
Ganz blau liegts auf der Intensivstation.
Die Ärzte sind noch ratlos. Meine Angst ist riesengroß.
Vier Brötchen bitte! Ich muss wieder los."

„Warten Sie!", sagte der Bäcker und nahm ein Brot.
„Essen Sie mit mir ein Stück!
Ich denke an sie, an ihr Kind und ich bitte Gott:
Gib's heil zurück!"

So standen die zwei Männer kauend da,
einander fremd bisher und jetzt so nah.
Sie dachten an das Kindchen, das da kämpfte mit dem
Tod
und teilten Angst und Hoffnung mit dem Brot.

Als eine Frau den Laden dann betrat,
gab ihr der Bäcker von dem Brot und bat:
„Sein Kind liegt in der Klinik! Essen Sie mit uns das Brot.
Er soll jetzt nicht allein sein in der Not."

Und auch die Frau aß und nickte dem Fremden zu.
Still wars. Doch jeder verstand,
wie dieses Brot ihnen Trost gab und sie
miteinander verband.

GERHARD SCHÖNE

Neun Uhr zweiunddreißig Bahnsteig eins

Der Intercity kommt pünktlich angerollt. Im ersten Wagen findet sich ein Nichtraucherabteil für mich. Bis jetzt ist es leer, aber das wird wohl nicht so bleiben. Auf dem Bahnsteig wimmelte ein Trupp von Jungen herum, die werden sicher auf Platzsuche gehen. Kurz nach Abfahrt des Zuges kommt die Invasion angerollt. Mehrere Lehrer oder Erzieher bemühen sich, ihre Schützlinge in die Abteile zu verfrachten. Das Ganze geht relativ reibungslos vonstatten. Im Handumdrehen ist mein Abteil vollgepfropft mit jungen Kerlchen etwa aus der siebenten oder achten Klasse. Die Begleiter entpuppen sich als Trainer. Man fährt zu einem großen Boxkampf und ist schon voller Tatendrang und Siegeszuversicht. Aus den Reisetaschen gucken die dicken Boxhandschuhe und wecken bei mir schmerzliche Erinnerungen. Als ich so jung war wie diese Männlein hier, musste ich auch einmal die gewaltigen Lederhandschuhe anziehen. Nachdem mein Gegner meine zarte Nase unter Dauerfeuer genommen hatte, gab ich auf und lief heulend in meine Ecke. Seitdem interessiert mich Boxen nur auf der Mattscheibe des Fernsehens.

Das Stundenbuch liegt auf dem kleinen Tisch am Fenster des Eisenbahnabteils. Mein Name steht deutlich lesbar auf der Schutzhülle. Der Blondgelockte mir gegenüber verrenkt sich den Hals. Ich drehe das Brevier zu ihm hin. Nun kann er meinen Namen entziffern. Aber es geht gar nicht um meinen Namen, sondern um das seltsame Buch mit den bunten Bändchen. Inzwischen haben die vier anderen mich auch ins Visier genommen. Ich eröffne die Partie mit der Frage: Was bin ich von Beruf? Die Antwort kommt sehr schnell: Sie sind ein katholischer Pfarrer! Das hatte ich nicht erwartet. Woher weiß der Jüngling etwas von katholischen Pfarrern? Man muss ihn fragen. Aha, seine Eltern haben in der Nähe vom katholischen Wittichenau einen alten Bauernhof ausgebaut. Daher die Sachkenntnis. Nun ist der Bann gebrochen. In den nächsten drei Stunden gibt es schönes, anregendes Fragen und Antworten über Gott und die Welt. Einer aus der Runde hat gehört, dass katholische Bischöfe überall herum zu den Leuten fahren und Geschenke mitbringen. Man freut sich zwar über dieses positive Bischofsbild. Aber da muss ich doch ein wenig einhelfen und versuchen, den Beruf des katholischen Bischofs anders zu beschreiben. Da es für Außenstehende nicht leicht ist, die Rangordnungen und Dienste der katholischen Kirche sachgerecht zu unterscheiden, werde ich bald von meinen Gesprächspartnern zum Bischof befördert und auch so angeredet. Hoffentlich erfährt das mein Bischof nicht, sonst werde ich wegen Amtsanmaßung in den Kaplansstand zurückversetzt. Inzwischen sind Sendboten aus unserem Abteil in die anderen Abteile gezogen. Sie verkünden überall mit großer Lautstärke dasselbe: „Wir haben einen richtigen Pfarrer!“ Einer der jungen Boxer baut sich im Gang vor seinem Trainer auf und klärt auch ihn über die Tatsache auf, einen echten Pfarrer zu besitzen. Der antworten mit einem schlichten „Na und?“. Was soll er auch sonst sagen. Hier in meinem Abteil sind wir inzwischen beim Unterschied zwischen Pfarrer und Priester angekommen. Das lässt sich relativ leicht klären. Aber was macht denn ein Pfarrer so alles? Auch darüber kann man reden. Jetzt gibt es aber erst einmal eine Pause. Drei der Amateurboxer greifen zu den Karten und spielen Skat. Der vierte heißt Michael. Ich bin so unvorsichtig, ihm zu sagen, was dieser Name auf Hebräisch heißt: Wer ist wie Gott? Da ist meine Ruhe hin. Die Skatkarten werden weggelegt, alles verteilt sich wieder in den übrigen Abteilen des Waggons. Man sammelt Vornamen und bringt sie zu mir: Was heißt Matthias, was heißt Mike, was heißt Uwe? Bei Uwe muss ich passen. Nordische Namen fallen nicht in mein Spezialgebiet. Nachdem die Namen der jungen Männer durchgefragt sind, kommen die Namen der Schulkameradinnen an die Reihe. Zwischendurch höre ich, dass der Trainer den schönen Namen Philipp trägt. Es erweckt allerseits große Freude, dass dieser Name auf Deutsch „Pferdefreund" bedeutet. O weh! War das nicht ein bisschen unpädagogisch von mir? Jetzt geht Michael auch noch auf den Gang und erklärt dem Trainer, dass der Pfarrer seinen Namen mit Pferdefreund übersetzt habe. Ob der Boxer mich nun zum Zweikampf herausfordert? Er scheint ein friedlicher Mensch zu sein. Es passiert nichts.

Der Gesprächsfaden ist abgerissen. Man kann eben mal ein Butterbrot essen und hoffen, dass auf dem nächsten Bahnhof niemand auf meinen Platz will. Wir sitzen im Platzkartenwagen. Ich besitze ein solches Stück Papier namens Platzkarte nicht. Natürlich kommt ein Platzkarteninhaber und sucht seinen reservierten Platz. Da wird man wohl oder übel weichen müssen. Jetzt wird es eng. Aber die jungen Sportsfreunde rücken ganz eng zusammen, um für den Pfarrer noch eine halbe Sitzmöglichkeit zu schaffen. Sogar der Trainer erscheint, um zu sehen wie sich die Sache für mich regeln lässt. Alles hat sich beruhigt, der Zug fährt mit gutem Tempo durch die Lande. Die kleinen Sportler nehmen das Gespräch wieder auf. Sie wollen wissen, ob mein Stundenbuch die Bibel sei. Irgendwie scheint die Bibel für sie etwas Bemerkenswertes zu sein. Sie hat in den Fragen der jungen Boxer einen Stellenwert, den ich nicht deuten kann. Ob da noch eine Ahnung mitschwingt, dass die Worte in diesem Buch anders sind als Worte in anderen Büchern? Ob da noch die vergessene Wahrheit sich meldet, dass Worte der Bibel Worte wie Feuer und Sturm sind? Ich weiß es nicht. Aber mitten in Gesprächen über das Gewicht der Boxhandschuhe und über die Verpflegung kommt immer wieder die Frage nach der Bibel. Warum fragen sie danach? Die Kerlchen sind offensichtlich enttäuscht, dass mein Stundenbuch keine Bibel ist. Auch die Erklärung, dass in diesem Buch fast alle Texte aus der Bibel stammen, hilft mir nichts. Hätte ich doch eine Bibel bei mir. Aber wir Katholiken haben alles Mögliche im Reisegepäck, von der Zahnbürste bis zum Krimi als Reiselektüre. Nur die Bibel ist uns zu unhandlich. Ich ärgere mich über mich selbst. Da sitzt man nun schon mal unter lauter interessierten jungen Leuten, die von ganz anderen Lebensweisen herkommen. Und dann hat man das Wort Gottes fein säuberlich im Regal seines Arbeitszimmers abgestellt. In dieses Zimmer wird sich wohl nie eine Juniorenboxstaffel verirren.

Die Luft im Abteil ist recht dick geworden. Ein paar Schritte auf dem Gang werden mir gut tun. Tücke des Schicksals. Als ich auf den Gang trete, braust der Zug gerade über eine Fernweiche. Der Schwung wirft mich gegen den blechernen Abfallkasten an der Wand. Na gut, behalten wir einen blauen Fleck als Reiseandenken. Machen wir mal einige Schritte an den Abteilen entlang. Im dritten Abteil sitzt ein junger Mann, der Kopfhörer trägt. Da hört einer Musik von der Kassette eines Rekorders. Ich kann nicht hören, ob es leichte oder ernste Musik ist. Dieser Reisende hat auch noch ein Buch in der Hand. Da werden meine Augen groß vor Staunen. Das Buch ist in einer wunderschönen Perlschrift gedruckt. Es muss über hundert Jahre alt sein und trägt die Spuren des Alters. Man muss oft in ihm gelesen haben. Es ist die Bibel. Der Mann liest still und emsig im zweiten Buch der Könige. Der Pfarrer Weyers hat keine Bibel bei sich. Aber der unbekannte junge Mann hat sie hier in einem Waggon der Deutschen Bahn AG auf den Knien liegen und liest unbekümmert das Gotteswort. Nun kann ich wieder zu meinen Sportlern gehen. Ich klettere in das vollgepfropfte Abteil und verkünde: Wenn ihr einmal eine Bibel sehen wollt, dann geht drei Abteile weiter. Da sitzt jemand, der liest in diesem Buch! Was aus dieser Begegnung mit den Boxern wird, weiß ich nicht. Ob jemand von den Jungen davon mehr hat, als man normalerweise von einem zufälligen Reisegespräch profitieren kann, ist nicht meine Sache. Ich muss mich nur fragen, ob ich in diesen Stunden der Reise wach genug war. Das andere wird Gott tun. Ich hoffe, dass ich die Boxstaffel im Himmel wiedersehe.

KLAUS WEYERS

Der glückliche Prinz

Über der Stadt stand auf einer hohen Säule das Denkmal des glücklichen Prinzen. Er war bedeckt mit feinem Blattgold, trug als Augen zwei funkelnde Saphire und am Schwertknauf glühte ein mächtiger Rubin.
Jeder bewunderte und liebte ihn. Eines Abends kam eine Schwalbe über die Stadt geflogen. Sie hatte sich auf der Reise nach Ägypten verspätet.
„Aha", rief sie, als sie das Denkmal erblickte, „das ist ein schönes Plätzchen, um auszuruhen."
Und so ließ sie sich zwischen den Beinen des Prinzen nieder und streckte das Köpfchen zwischen die Flügel. Da fiel ein schwerer Wassertropfen nieder und noch einer. Die Schwalbe sagte zu sich: „Was nutzt mir mein goldenes Schlafzimmer, wenn es nicht einmal den Regen abhalten kann?"
Die Schwalbe wollte schon wieder aufbrechen, als ein dritter Tropfen sie traf. Sie sah hoch zum Standbild – und bemerkte, dass der Prinz weinte!
„Warum weinst du so bitterlich?", fragte die Schwalbe voller Mitleid.
„Ach, alle nennen mich den glücklichen Prinzen. Doch das bin ich nicht. Als ich noch lebte und ein menschliches Herz besaß, da wusste ich nichts von Tränen. Ich lebte in einem Palast, der ‚Ohne Sorgen' hieß. Jeder nannte mich den glücklichen Prinzen – und das war ich auch. Aber jetzt, da ich tot bin, haben sie mich hier so aufgestellt, dass ich all das Hässliche und das Elend in meiner Stadt sehen kann. Mein Herz ist zwar aus Blei –

doch ich kann nicht anders, ich kann immer nur weinen."
„Also ist er doch nicht durch und durch aus Gold", dachte die Schwalbe bei sich.
„Weit weg von hier", fuhr der Prinz fort, „lebt eine Mutter in einem windschiefen Häuschen. Sie näht Tag und Nacht, die Hände sind schon ganz zerstochen – und doch muss sie hungern. Im Bettchen liegt ihr Junge und fiebert. Es verlangt ihn nach Apfelsinen – doch die Mutter kann sie nicht bezahlen. Und so weint er. Ach, Schwalbe, sei so gut: sei mein Bote und bringe den beiden den Rubin aus meinem Schwertknauf – ich kann ja nicht zu ihnen."
„Aber, Herr Prinz", sagte die Schwalbe, „ich muss doch weiter nach Ägypten. Und Jungen kann ich sowieso nicht leiden, einige haben mich auf meinem Flug mit Steinen beworfen."
Da aber schaute der glückliche Prinz so traurig, dass die Schwalbe Mitleid bekam, den Rubin aus des Prinzen Schwert pickte und zum Haus der armen Frau brachte. Beide Bewohner schliefen.
Sie legte den Rubin auf den Tisch, schwebte ums Bett und fächelte dem schlafenden Jungen mit sanftem Flügelschlag über die Stirn.
„Ach, diese Kühle wird mich gesund machen", flüsterte der Junge und lächelte.
„Wie seltsam", sagte die Schwalbe, als sie zum Prinzen zurückgekehrt war, „nun ist mir ganz warm und dabei ist doch heute ein so kalter Tag."
„Das kommt daher, weil du etwas Gutes getan hast", entgegnete der Prinz.
Als der Mond hoch am Himmel stand, wollte die Schwalbe aufbrechen in ihr Winterquartier. Da sprach der glückliche Prinz: „Ach, mein Schwälbchen, willst du nicht noch

eine Nacht bleiben und mein Bote sein? Dort hinten sehe ich einen jungen Dichter, der an seinem ersten Theaterstück sitzt. Der Ärmste kann vor Kälte kaum die Feder führen! Nimm einen Saphir aus meinen Augen, davon soll er sich etwas zu essen und Brennholz holen."

Da pickte die Schwalbe dem Prinzen ein Auge aus und legte es dem Dichter neben seinen Strauß verwelkter Veilchen. Und der sprach glücklich: „Jetzt kann ich mein Stück vollenden!"

Wieder stieg die Schwalbe auf und wollte sich vom Prinzen verabschieden. Da sprach er: „Ach, bleib bei mir – nur noch diese eine Nacht. Siehst du auf dem Markplatz das Streichholzmädchen? Eben ist ihre Ware in den Schmutz gefallen, nun wird ihr Vater sie schlagen, weil sie kein Geld heimbringt!"

„Oh Prinz", entgegnete die Schwalbe, „nun ist es Winter geworden und Schnee liegt in der Luft. Ich dürfte längst nicht mehr hier sein. Aber ich will noch eine Nacht bei dir ausharren. Aber wenn ich dir dein zweites Auge auspicke, so bist du ja blind!"

Der Prinz beharrte aber auf seiner Bitte, und die Schwalbe brachte dem armen Streichholzmädchen den Edelstein. Dann flog sie zurück und sprach zum Prinzen: „Nun, da du blind bist, will ich bei dir bleiben."

Sie flatterte auf seine Schulter und erzählte ihm von ihren Reiseabenteuern, vom Nil und von der Sphinx, von den Wüstenkarawanen und den tausend Wundern Afrikas. Zwischendurch flog sie über die Stadt und erzählte ihm von allem, was sie sah. Und als sie von der Not in vielen Hütten sprach, da hieß der Prinz die Schwalbe, all das feine Blattgold abzulösen und den Armen zu bringen.

Die Schwalbe erfüllte seinen Wunsch und verschaffte vie-

len Menschen Brot. Da aber kamen Frost und Schnee. Nun hatte die arme Schwalbe viel Mühe, sich warm zu halten. Sie schlug mit den Flügeln, doch die Kälte kroch sich in ihr Herz. Schließlich hatte sie nur noch so viel Kraft, dem glücklichen Prinzen auf die Schulter zu flattern.
„Leb wohl", sagte sie, küsste ihn auf die Lippen und fiel dann tot zu seinen Füßen nieder.
Und im selben Augenblick hörte man einen seltsamen Laut: Das bleierne Herz des Prinzen war zersprungen.
Ja, der Frost war wirklich streng!
Am Tag darauf spazierte der Bürgermeister mit ein paar Räten am Denkmal des glücklichen Prinzen vorbei.
„Wie schäbig er aussieht", sagten sie, „der Rubin, die Saphire und die Vergoldung sind fort – er sieht ja aus wie ein Bettler! Und dann liegt auch noch ein toter Vogel zu seinen Füßen. Wir müssen sogleich eine Verordnung erlassen, dass in unserer Stadt keine Vögel zu sterben haben!" Also beschlossen die Stadtväter, das Denkmal einzuschmelzen.
Am Schmelzofen sprach einige Tage später ein Arbeiter nachdenklich zu sich selbst: „Wie eigentümlich, dieses zersprungene Herz aus Blei will einfach nicht schmelzen. Wir müssen es fortwerfen!"
Und so schmiss er es auf einen Müllhaufen, wo auch das tote Schwälbchen lag.
Eines Tages befahl Gott einem Engel, ihm die zwei kostbarsten Dinge aus jener Stadt zu bringen, dessen größter Schmuck einst das Denkmal des glücklichen Prinzen gewesen war. Und der Engel brachte ihm das Herz aus Blei und den toten Vogel. „Du hast recht gewählt", sagte Gott.

OSCAR WILDE

SOWEIT DIE LIEBE REICHT

Der Mensch ist nicht
nach dem zu beurteilen,
was er weiß,
sondern nach dem,
was er liebt.
Nur die Liebe macht ihn zu dem,
der er ist.

AUGUSTINUS

Nächstenliebe im Café

Agneta hatte ihre Tochter Lena und deren Freund Peter in ihr Lieblingscafé eingeladen. Eifrig studierten die Drei die bunte Eiskarte mit den verlockenden Angeboten.
Die Blicke der Gäste wandten sich plötzlich dem Eingang zu, durch den ein junges Mädchen in einem elektrischen Rollstuhl hereinrollte. Agneta flüsterte: „Da ist sie ja wieder!"
Die Schöne im Rollstuhl hatte ein zartes, ausdrucksvolles Gesicht. Helles, seidiges Haar fiel offen auf ihre verwachsenen Schultern. Ihre Augen strahlten etwas aus, das man gut und gerne als Selbstbewusstsein bezeichnen konnte.
„Ciao, bella Regina!" Frederico, der Inhaber der Eisdiele, kam eilfertig herbei und schob den Rollstuhl in die Nähe der Theke. „Ich habe schon auf dich gewartet."
Die Angesprochene murmelte etwas, offensichtlich konnte sie sich nicht artikulieren. Eine Kellnerin brachte ihr sofort einen Früchtebecher.
„Die kennen sogar die Lieblingssorte der Ärmsten", sagte Agneta leise. „Stellt euch vor, die ist von Kopf bis Fuß gelähmt."
Lenas Freund zuckte nur seine Schultern und kratzte gemächlich seinen Becher aus. Was gingen ihn andere Schicksale an?
Frederico setzte sich nun vor den Rollstuhl und schob der jungen Frau Löffel für Löffel der eiskalten Süßigkeit in den Mund. Dabei unterhielten sich die beiden angeregt, indem Frederico fröhlich auf sie einredete. Die junge Frau

zwinkerte als Antwort ständig mit den Augen. Es schien, als bestehe eine Geheimsprache zwischen diesen so verschiedenen Menschen. Nach einer Weile wischte ihr der Mann mit einer Serviette den Mund sauber. Diese kleine Geste war so zart und fürsorglich, dass sie sogar den offensichtlich gefühlsarmen Peter anrührte, denn er biss sich ein paar Mal auf die Lippen.

Und schon kam die Kellnerin mit einem Glas Cola, in dem ein Strohhalm steckte. Frederico schob das bunte Röhrchen zwischen die vollen Lippen von bella Regina. Das Mädchen saugte genüsslich an dem Getränk, während der Eisdielen-Besitzer sich wieder seinen anderen Gästen widmete.

Nach einiger Zeit kam er zurück, kramte in Reginas Handtasche, die seitlich an dem Rollstuhl befestigt war, holte aus der Geldbörse den Betrag für das verzehrte Eis, nicht aber für das Getränk.

„Die Cola geht aufs Haus!“

Er küsste seinen Gast auf beide Wangen: „Komm bald wieder, bella Regina!“

Langsam rollte die junge Frau ins Freie, indem sie mit nur einem Finger einen viereckigen Hebel am Rollstuhl bediente.

Als Frederico wieder an den Tisch von Agneta kam, fragte Peter: „Woher kennen Sie diese Regina eigentlich?“

„Bis sie zu uns hereinrollte, war sie mir völlig fremd“, erwiderte der Italiener. „Sie hat Muskelschwund. Bald wird sie gar nicht mehr kommen können, weil ihre beiden letzten Finger auch schon fast steif sind.“

„Können Sie die Frau überhaupt verstehen?“, wollte Lena wissen. Frederico lächelte. „Um sich zu mögen, braucht es nicht immer Worte.“

Am Nebentisch machten sich zwei Teenies unangenehm bemerkbar. Der eine fragte halblaut: „Bedient man hier auch mal Lebende oder nur Halbtote?"
Fredericos Gesicht lief rot an. Mit schnellen Schritten war er bei den Jungens und packte sie am Kragen. Ehe sie sich versahen, befanden sie sich auf der Straße.
„Dummköpfe wie ihr haben bei uns nichts zu suchen!", schimpfte er hinter ihnen her und trocknete danach einen Metallkrug so intensiv ab, dass man unwillkürlich dachte, das silbern blinkende Gefäß verlöre nach und nach seine obere Haut.
„Es gibt viele Idioten auf der Welt, leider", sagte er ärgerlich.
Peter hatte plötzlich seine Redseligkeit eingebüßt. Nachdenklich rührte er in seinem Cappuccino. Lena fragte ihn, was ihm über die Leber gelaufen sei. Der junge Mann antwortete nicht, aber als er überraschend für seine Freundin und deren Mutter bezahlte, lächelte er den Italiener freundlich an und gab ihm ein großzügiges Trinkgeld.
„Im Lotto gewonnen?"
Lena zwinkerte ihm zu. Sie kannte ihren Peter anders. Der lächelte: „Ja, ich habe tatsächlich gewonnen, aber in anderer Hinsicht, als ihr denkt." Agneta nickte ernst. Sie verstand, was er meinte.

GABRIELE LINS

Die Brücke des Lächelns

Es war ein kleines Lächeln, das machte sich auf den Weg, um zu sehen, ob es nicht jemanden fände, wo es wohnen könnte. Es traf ein kleines Augenzwinkern, das auch nicht viel größer war. Sofort fühlten sich die zwei zueinander hingezogen. Sie gaben sich die Hand und zogen gemeinsam weiter. Sie waren noch nicht sehr weit gegangen, da trafen sie zwei kleine Lachfältchen. Die fragte, wohin der Weg ginge, und gingen mit.

Da kamen sie in einen großen Wald, und unter einem Baum sahen die vier Freunde eine alte Frau sitzen, die allein war und sehr traurig aussah. Die vier verständigten sich kurz und guckten dann, ob die alte Frau noch Platz für sie hätte. Heimlich und lautlos versteckten sich die zwei Lachfältchen und das Augenzwinkern unter den Augen, und das Lächeln krabbelte in die Mundwinkel. Da kitzelte es die alte Frau, sie stand auf und merkte plötzlich, dass sie nicht mehr so traurig war, und sie ging hinaus aus dem Wald auf eine große Wiese, wo es hell und warm war.

Dem ersten Menschen, den sie traf, schenkte sie befreit ein kleines, klitzekleines Lächeln, zwinkerte dabei mit den Augen, und die Lachfältchen fühlten sich richtig wohl.

UNBEKANNT

Die gestohlene Salami

Meine Eltern hatten bisher meine Bitte, mir doch einen Hund aus dem Tierheim zu schenken, geflissentlich überhört. Aber das Schicksal war mit mir.

Einmal kam ich aus der Schule und hörte hinter dem Eingang des früheren Friedhofs ein klägliches Winseln. Ich raste, Unheil witternd, in den Friedhof hinein. An einem der verfallenen Gräber stand ein junger Mann. Gerade zog er einem kleinen, an allen Gliedern zitternden Hund mit einer dünnen Gerte eins über. Der zuckte zusammen, heulte erbarmungswürdig auf und riss verzweifelt an dem Strick, mit dem er an einem Baumstamm festgebunden war. Ich war so empört, dass ich dem Kerl die Gerte entriss und sie weit von mir warf, sodass sie zwischen zwei von Gras überwucherten Gräbern landete. Der kleine Hund mit den zerfransten Ohren sah wohl in mir seine Rettung, denn seine dunklen Augen flehten mich an, ihm zu helfen.

Der junge Kerl lachte spöttisch und rief mir im Gehen über die Schulter zu: „Du kannst die Missgeburt haben. Sie ist mir zuglaufen und gehört wohl keinem. Bestimmt hat die Töle Flöhe, und stubenrein ist sie auch nicht!"

Ich streichelte das kleine Tier. Zutraulich kuschelte es sich in meine Armbeuge. Es war Liebe auf den ersten Blick. Aber wohin nun mit ihm? Meine Eltern wollten keinen Hund. Trotzdem nahm ich ihn mit nach Hause.

„Der gehört jetzt mir", sagte ich mit fester Stimme, und wie, um sein neues Heim zu markieren, machte er ein

winziges Bächlein unter sich. Mit bewegter Stimme erklärte ich meiner Mutter, was geschehen war.
„Ich nenne ihn Hucky", schloss ich, „er gehört jetzt mir!" Mein Schützling wedelte begeistert mit seinem Stummelschwanz, als trüge er diesen Namen schon zeit seines jungen Lebens. Mutter zeigte mit spitzem Zeigefinger auf das gelbe Bächlein. „Du machst die Schweinerei sofort weg, und dann bringst du den Hund ins Tierheim!"
Die Hausklingel schrillte. Draußen stand unser Nachbar, der nicht nur seine Mitmenschen, sondern auch Tiere jeglicher Art hasste. Hucky verschwand blitzschnell im Wäschekorb.
„Jetzt haben Sie sich auch noch einen Hund, der klaut, angeschafft", schimpfte Herr Baumann. „Der Köter ist vorhin durch unsere angelehnte Haustür geschlüpft und hat meine ungarische Salami gestohlen. Ich habe genau gesehen, dass er sie im Maul hatte. Wer weiß, wo er sie verscharrt hat. Vielleicht hat er sie ja auch bei Ihnen versteckt!" Mit wildem Blick sah er durch die Spalte unserer Haustür. „Mein Sohn hat ihn vorhin zwar weggeschafft, aber eben war er doch noch bei Ihnen!" Mein Vater bat den Schimpfenden mit eisiger Höflichkeit herein.
„Der Köter heißt Hucky und ist ein ganz reizender Mischling. Sehen Sie sich ruhig bei uns um. Das Haus steht Ihnen offen!"
Das tat der Nachbar denn auch. Er durchsuchte ganz ungeniert jeden Raum. Zuletzt legte er sich längelang hin, linste unter die Betten und fand nur einen alten Knopf. Hucky lag mucksmäuschenstill mitten im Wäschekorb. Papa atmete tief und sagte fröhlich: „Da wäre nun wohl eine Entschuldigung fällig, Herr Baumann!"
Der knickte ein wie ein kaputter Regenschirm, bat leise

um Verzeihung und verschwand in seinem Haus. Der Wäschekorb kippte um und der Hund kroch, ein Männerhemd schräg über den Augen, heraus.

„Hund, wo hast du die Wurst, wenn du sie wirklich gestohlen hast?“, rief ich streng. Hucky legte den wolligen Kopf schief und stellte die Ohren hoch. Dann raste er durch die noch offene Haustür, kratzte wild in unserem Vorgarten herum und schmiss mir die verdreckte Wurst vor die Füße. „Hucky, nun kannst du erst recht nicht hier bleiben“, sagte ich traurig und säuberte die Salami sorgfältig. Papa nahm ihn auf den Arm und kraulte ihn zärtlich. „Du, du Genießer und tapferer Kämpfer um die Wurst, mein Haus sei auch dein Haus und meine Wurst auch deine!“ Und während er mir zuzwinkerte, küsste er Hucky auf die feuchte Nase. Frohen Herzens wollte ich das gute Stück zurückbringen, aber Mama rief: „Untersteh dich! Wir laden Herrn Baumann morgen lieber ganz freundlich zum Mittagessen ein. Ich glaube, er isst gerne Sauerbraten mit Klößen, und als Vorspeise gibt es Salamischeiben auf Salatblättern.“

„Sauer ist er jetzt auf jeden Fall“, lachte ich, schnappte mir meinen Hund und tanzte mit ihm durch die Küche. Hucky ließ es geschehen. Er wusste ja jetzt, wo er zu Hause war, bei unglaublich netten Menschen.

GABRIELE LINS

Der Koffer

Gestern habe ich mich endlich schweren Herzens von ihm getrennt, von dem alten Koffer. Schön war er in seiner Jugend, solide und stabil, aus kräftiger brauner Vulkanfiber, und ein glänzendes Messingband um seinen Bauch gab ihm zusätzlichen Halt. Der Griff bestand aus dickem Leder und die acht Ecken waren mit braunen Kappen und Messingnägeln verstärkt. Er sah aus wie der fliegende Koffer im Märchen, mit dem der junge Kaufmann auf dem marmornen Dach des prächtigen Sultanspalastes landete. Jetzt war er zwar alt, abgeschabt und etwas verbeult, aber immer noch heil und gut zu gebrauchen. Vor ein paar Jahren habe ich ihn einmal auf einer Flugreise mitgenommen, und die jungen Leute an der Gepäckkontrolle fanden ihn so attraktiv nostalgisch, dass sie ihn mir abkaufen wollten. Leider konnte ich nicht auf den Handel eingehen, weil ich ja erst am Beginn meiner Reise stand.

Als der Koffer gekauft wurde, gab es in Deutschland noch einen Kaiser. Die Familie nahm ihn, den Koffer, natürlich nicht den Kaiser, mit in die Sommerfrische. Er wurde vollgepackt mit den Sachen der Kinder, das waren Matrosen-Anzüge mit großen weißen Kragen, Kleider mit Spitzensaum und breiter Schärpe, seidene Haarschleifen, Waschkleider aus Kattun und kurze Bleyle-Hosen, lange weiße Nachthemden mit Festonspitze, Leinenwäsche, hohe Schnürschuhe und schwarze Lackschühchen.

Später diente der Koffer dem Vater auf seinen Geschäftsreisen, fuhr mit dem Zug und der Straßenbahn und übernachtete in bescheidenen Vorstadthotels. Im Krieg dann stand der Koffer immer mit dem Nötigsten vollgepackt bereit zum raschen Aufbruch in den Luftschutzkeller. Er überlebte Fliegeralarm, Feuersbrünste und Bombenangriffe, ging mit in die Evakuierung aus der Großstadt aufs Land, diente als Schrank in der kleinen Behelfswohnung. Nach dem Krieg wurde er wieder in die Ferien mitgenommen, durfte in einem VW-Käfer ins Gebirge fahren oder ans Meer, von wo er dann jedes Mal voll mit Muscheln, getrockneten Seesternen und sandigen Kleidern zurückkehrte.

Allmählich fand die Familie den Koffer altmodisch und ließ ihn zu Hause. Er kam auf den Dachboden, wo er, gefüllt mit alten Briefen, Papieren und allerlei Krimskrams, vor sich hindämmerte und verstaubte. Schließlich hatte man ihn fast vergessen. Bis ich ihn eines Tages entdeckte, hervorholte, sauber machte und auf die besagte Flugreise mitnahm. Er gefiel mir so gut und war allen Strapazen gewachsen. Doch die Familie befand, er sei doch unmöglich und man müsse sich mit dem alten Ding schämen. Also stand er herum und versperrte den Weg, und ich überlegte, was ich mit dem treuen Begleiter machen sollte.

Ich brachte es nicht übers Herz, ihn zum Sperrmüll zu stellen. Schließlich fand ich eine Lösung, und gestern habe ich den Koffer dem Theater geschenkt. Dort kommt er in die Requisitenkammer und hoffentlich bald in einem passenden Stück zu neuen Ehren.

Ich wünsche ihm einen angenehmen und interessanten Lebensabend.

ANNETTE BACHOFER

Die Zügezähler

In den ersten Nachkriegsjahren konnten sich nur die wenigsten Eltern eine Urlaubsreise mit der ganzen Familie leisten. Deshalb war ich froh, dass ich mit Freund Hans zum zweiten Mal die großen Ferien bei meinen Großeltern verbringen durfte. Die Anreise absolvierten wir mit unseren Fahrrädern, gut gelaunt trotz Gegenwind.
Bei der Begrüßung setzte uns meine Großmutter ihren großartigen Mohn-Streusel-Kuchen vor, während der Großvater uns in seiner Schneiderwerkstatt auf einer riesigen Tischplatte thronend im Schneidersitz empfing. Ich hatte ihn in mein kindliches Herz geschlossen, weil er an Regentagen so wunderbare Geschichten erzählen konnte. Für jeden meiner Streiche hatte er Verständnis – im Gegensatz zu Oma.
Hauptziel unserer Ferientage war der nahe Bahndamm der Fernstrecke Bremen-Ruhrgebiet. Ganz in seiner Nähe gab es ein Waldstück mit Blau- und Preiselbeeren. Direkt an der Bahnlinie fanden wir Sauerampfer, Johannisbrot und Hirtentäschelkraut zum Knabbern. Uns faszinierten die Personen- und Güterzüge, die scheinbar pausenlos auf dieser viel befahrenen Strecke an uns vorbeirasten. Weil die Bahn damals noch pünktlich war, wussten wir bald, welche Eil- und Schnellzüge zu welcher Uhrzeit unseren Beobachtungsposten passieren würden.
Anfangs notierten wir die Zahl der Züge und hielten die Anzahl der Waggons fest. Doch dann kam der eigentliche Clou: Wir schlossen Wetten ab, ob in der nächsten

Stunde mehr Güterzüge ins Ruhrgebiet oder nach Bremen fahren würden. Da wir nur ein geringes Taschengeld hatten, ging es bei unseren Wetten nur um die Ehre.

Ab und zu übersahen wir einen Zug, weil wir darüber sprachen, wie wir auf den in der Sonne schimmernden Gleisen weite Reisen in unbekannte Gegenden und Länder machen könnten. Jedes Mal, wenn ein Zug am Horizont unseren Blicken entschwand, war uns klar, dass es nach den Ferien wieder in unser kleines Heidedorf zurückgehen würde. Doch nachts träumten wir beide oft von aufregenden Reise-Abenteuern, die wir uns beim Frühstück erzählten.

Dann kam der Sonntag, an dem meine Patentante mich zu einer Schiffsfahrt zum Roten-Sand-Leuchtturm einlud – ohne Hans. Doch der war gar nicht böse, denn er wollte einmal die von der hiesigen Dorfjugend angepriesene Kiesgrube kennenlernen.

Als ich abends zurückkehrte, empfing mich Hans fröhlich mit einem leichten Sonnenbrand. Doch als er am Montag auf den Bahndamm verzichtete und wieder zur Kiesgrube fuhr, gingen meine Vermutungen in eine bestimmte Richtung. Leider hatte ich recht.

Zur Mittagszeit kam Hans zu mir geradelt. Auf der Stange seines Fahrrades saß Gerlinde, ein junges Mädchen, das sich ihr Hinterteil rieb und gespielt vorwurfsvoll stöhnte: „Ich fahre doch lieber mit meinem Rad. Dessen Sattel ist nicht so hart wie deine Fahrradstange."

Da lachte ich: „Dann musst du dich aber nicht mehr an Hans festhalten."

Die beiden blieben nicht lange. Aber es reichte, um zu ahnen, dass sich mein Freund während der restlichen Fe-

rien innerlich auf anderen Gleisen bewegen würde als auf Eisenbahnschienen.
Abends schwärmte er mir von Gerlinde vor und morgens erzählte er nichts mehr von Reiseträumen.
Auf der Heimfahrt ins Heidedorf fuhr er so, als ob er ständig Rückenwind habe. Bei einer Pause verriet er mir seine Zukunftspläne mit Gerlinde – unter dem Siegel der Verschwiegenheit.
Inzwischen sind wir alt und haben beide Enkelkinder. Ich habe im Laufe meines Lebens etliche „Sandkistenehen" kennengelernt. Aber bei Hans und Gerlinde war es sozusagen der Sprung vom Bahndamm in die Kiesgrube.
Wir sind gute Freunde geblieben, auch wenn wir ganz verschiedene Hobbys haben. Hans fährt seine Gerlinde zu Hunde-Wettbewerben, bei denen sie als Preisrichterin agiert.
Und ich angle in unserem See – natürlich ganz dicht neben einer Bahnlinie. Die Fische beißen gut, denn die Strecke ist stillgelegt. Demnächst wollen sie die Gleise entfernen und einen Radweg bauen. Etwas zu spät.

PETER TAMME

Der Onkel meines Onkels

Der Onkel meines Onkels hat sich so gequält,
seine Liebe zu gestehen, hat mein Onkel mir erzählt.
Damals war des Onkels Onkel zwanzig Jahre wohl alt,
da gab er Unterricht im Haus von einem Rechtsanwalt.
Die Tochter des Hauses lernte bei ihm Klavier.
Ein bildhübsches Fräulein! Mein Gott, eine Zier...

Ja, ja, der Onkel meines Onkels, alle mochten ihn sehr.
Nur sein Buckel ...! An dem Buckel trug der Ärmste so
schwer.
Ach, er schlug die Augen nieder immer beim Unterricht.
Sicher ahnte das Mädchen seine Liebespein nicht.
Vor der Kirche zu Ostern hat er sich zu ihr gestellt
und sein Herz offenbart, hat mein Onkel mir erzählt.

„Ich empfinde für sie Achtung", sprach das Fräulein ganz
schlicht.
„Nur mir graut vor dem Buckel. Lieben könnte ich sie
nicht!"
„Warten sie, liebes Mädchen", sprach der Lehrer zu ihr,
Hören Sie mein Geheimnis und, ach, glauben sie mir:
Ehe ich auf die Welt kam, rief mich Gott her zu sich,
meine Frau mir zu zeigen. Und da sah ich dich!

Oh, dein Antlitz war so lieblich. Doch die schöne Gestalt
War entstellt durch einen Buckel. Deshalb kniete ich bald
vor Gott nieder, ihn zu bitten: Nimm den Buckel von ihr!
Sie soll sorgenfrei leben. Herr, den Buckel gib mir!"
Schon zwei Wochen nach Pfingsten wurden beide vermählt.
Und sie liebten sich innig! ... hat mein Onkel erzählt.

GERHARD SCHÖNE

… wohl verwählt

„… 690842 … Hallo! Barbara, bist du es?“
„Nein, hier ist nicht Barbara, hier ist Martha Stein!“
„Oh, entschuldigen Sie bitte, dann habe ich mich wohl verwählt.“
„Ach, das macht doch nichts, das kann doch jedem mal passieren.“
„Ja, aber es ist doch schon recht spät. Hoffentlich habe ich Sie nicht gestört?“
Ich müsste jetzt eigentlich auflegen, Barbara wartet auf meinen Anruf. Wir wollten uns für morgen verabreden, einen Stadtbummel machen. Aber in zehn Minuten beginnt die Fernsehserie, die sie unbedingt sehen wollte.
„Hallo, sind Sie noch dran? Also wirklich, nein, Sie haben mich nicht gestört. Im Gegenteil …“
Ach, du meine Güte, jetzt will sie mich womöglich in ein Gespräch verwickeln, und dabei muss ich Barbara anrufen, die Serie fängt gleich an.
„Wieso im Gegenteil?“
„Ach, wissen Sie, ich sitze hier in meinem Zimmer. Allein. Schlafen werde ich noch lange nicht können, und das Telefon klingelt so selten bei mir, eigentlich fast nie. Ab und zu ruft mal meine Tochter an, aber Ferngespräche aus Amerika sind ja so teuer. Neulich mal, da hat eine Nichte meines verstorbenen Mannes angerufen. Sie wollte sich nach meinem Befinden erkundigen. Da habe ich mich aber wirklich sehr gefreut. Aber das interessiert Sie ja bestimmt überhaupt nicht, nicht wahr?“

Was soll ich darauf antworten? Ich kann ihr doch nicht sagen, dass es mich im Grunde genommen wirklich nicht interessiert. Am besten, ich versuche, das Gespräch so schnell wie möglich zu beenden, ohne die Frau zu kränken.
„Sie haben doch aber sicher noch ein paar Freundinnen oder Bekannte, die ab und zu mal bei Ihnen durchrufen. Übrigens Freundin, ich wollte gerade bei meiner ..."
„Nein, nein, Freundinnen habe ich keine mehr, ich bin schon über achtzig Jahre und meine beste Freundin, wir kannten uns seit der Schulzeit, die ist im letzten Jahr gestorben, das Herz ... wissen Sie? Aber Sie wollten doch eigentlich jemand anders anrufen, das hatte ich beinahe vergessen. Na, jedenfalls danke ich Ihnen."
„Ja, Moment, warten Sie, wie war doch gleich Ihr Name?"
„Stein. Martha Stein."
„Ja , richtig, Frau Stein. Also, Frau Stein, ich wünsche Ihnen noch einen angenehmen Abend."
Blödsinn! Die Frau sitzt da mutterseelenallein zu Hause und ist nichts als verdammt einsam.
„Frau Stein, wie ist denn eigentlich Ihre Nummer?"
„690942!"
„Ach ja, die 9 und nicht die 8. Ich hoffe, ich kann es mir merken. Also dann, Frau Stein, ich bitte nochmals um Entschuldigung für die späte Störung."
Da macht man sich nun Gedanken, weil man eine Freundin möglicherweise bei irgend so einer albernen Fernsehserie stören könnte, und irgendwo sitzt eine alte Frau und freut sich wie ein Kind über einen Anruf, der durch Zufall zustandekam und gar nicht mal ihr galt.
Wäre es denn so schlimm, wenn man ab und zu mal bei ihr anrufen würde – einfach nur so? Na, hoffentlich werde ich es nicht vergessen.

Ja, hoffentlich werde ich nicht zu bequem sein, diese Nummer mal zu wählen und ein paar Worte mit ihr zu sprechen, und sei es auch nur über das Wetter.

IRENE PÄTZ

Der Großvater und sein Enkel

Es war einmal ein steinalter Mann, dem waren die Augen trüb geworden, die Ohren taub, und die Knie zitterten ihm. Wenn er nun bei Tische saß und den Löffel kaum halten konnte, schüttete er Suppe auf das Tischtuch, und es floss ihm auch etwas wieder aus dem Mund. Sein Sohn und dessen Frau ekelten sich davor. Und deshalb musste sich der alte Großvater hinter den Ofen in die Ecke setzen, und sie gaben ihm sein Essen in ein irdenes Schüsselchen, und noch dazu nicht einmal satt; da sah er betrübt nach dem Tisch, und die Augen wurden ihm nass.

Einmal auch konnten seine zitterigen Hände das Schüsselchen nicht fest halten, es fiel zur Erde und zerbrach. Die junge Frau schalt ihn und kaufte ihm ein hölzernes Schüsselchen für ein paar Groschen. Daraus musste er nun essen. Als sie nun da saßen, trug der kleine Enkel von vier Jahren kleine Bretter zusammen. „Was machst du da?“ fragte der Vater. „Ich mache ein Tröglein“, antwortete das Kind, „daraus sollen Vater und Mutter essen, wenn ich groß bin.“ Da sahen sich Mann und Frau eine Weile an, fingen endlich an zu weinen, holten sofort den alten Großvater an den Tisch und ließen ihn von nun an immer mit essen, sagten auch nichts, wenn er ein wenig verschüttete.

GEBRÜDER GRIMM

Die Liebe als Brücke von Zeit zur Ewigkeit

Es war einmal ein Mann. Wie die meisten lebte er mehr oder weniger gedankenlos vor sich hin. Eines Tages aber sprach ihn ein Unbekannter an und fragte, ob er „Zeitgutscheine" wolle. Weil der Mann gerade nichts zu tun hatte, ließ er sich auf ein Gespräch ein und wollte wissen, was denn diese Zeitgutscheine seien. Statt einer Antwort zog der Unbekannte ein Bündel verschieden großer Scheine hervor, die wie Banknoten und doch ganz anders aussahen: „Deine Lebenszeit", erklärte der geheimnisvolle Fremde kurz. „Wenn du alle Gutscheine angelegt hast, ist es Zeit zu sterben."

Bevor der überraschte Mann eine Frage stellen konnte, war der andere verschwunden. Neugierig und erstaunt blätterte der Alleingelassene in dem Bündel. Zuerst kam ihm der Gedanke, die genaue Dauer seines Lebens zu errechnen, und ihn schauderte, als er die Zahl vor sich hatte. Dann begann er eine Einteilung zu überlegen. Zwar wollte er für Kegelabende und Fernsehen eine große Zahl von Stunden-Scheinen bereitlegen, musste aber zu seinem Bedauern bald feststellen, dass allein durch Essen und Schlafen eine unglaubliche Menge von vornherein gebunden war.

Tagelang war er damit beschäftigt, seine Zuwendungen an Lebenszeit immer neu zusammenzustellen, um sie bestmöglich zu nützen. Jedesmal, wenn ihn jemand dabei störte oder gar etwas von ihm wollte, sah er im Geist einen seiner kostbaren Scheine verlorengehen und sagte nein; seine Zeit hatte er nicht zu verschenken! So wachte er eifersüchtig und geizig über die Gutscheine. Als ihm endlich eine perfekte Widmung der Stunden, Tage und Jahre gelungen zu sein schien, war plötzlich der Unbekannte wieder da: Ob er denn von Sinnen sei, fragte er, nahm einen der Scheine, drehte ihn um und hielt ihn dem erstaunten Mann vor die Augen. Zum ersten Mal entdeckte dieser einen Hinweis auf der Rückseite, dass die Zeitgutscheine in Ewigkeit umgewandelt werden können. Wer sie jedoch nicht in diesem Sinne umsetze, verspiele sein Leben.

Aber da war der Fremde auch schon wieder verschwunden und der Mann neuerlich allein mit einem erregenden Geheimnis: Auf welche Weise war der begrenzte Schatz an Zeit in grenzenlose Ewigkeit zu verwandeln?

ANDREAS LAUN

WO DIE HOFFNUNG WÄCHST

Hoffnung ist nicht die Überzeugung,
dass etwas gut ausgeht,
sondern die Gewissheit,
dass etwas Sinn hat,
egal, wie es ausgeht.

VÁCLAV HAVEL

Oben auf dem Mast

Ein Schiff hatte eine Weltreise hinter sich gebracht und kehrte nun heim.

Das Wetter war ruhig, die Reisenden hielten sich an Deck auf. Unter ihnen trieb ein Affe sein Wesen. Dieser Affe krümmte sich, machte tolle Sprünge, schnitt Grimassen, äffte die Leute nach; es war ersichtlich: Er wusste genau, dass alle an ihm ihren Spaß hatten. Deshalb steigerte er sich immer mehr in seine Rolle hinein.

Plötzlich fuhr er wie der Blitz auf den zwölfjährigen Sohn des Schiffskapitäns los, riss ihm die Mütze vom Kopf, setzte sie sich auf und kletterte, ehe man die Hand umkehrte, den Mast hinauf.

Alle lachten, aber der Junge war nun ohne Mütze und wusste nicht, ob er lachen oder weinen sollte. Der Affe setzte sich auf die erste Querstange, nahm die Mütze ab und begann, sie zu zerreißen. Als wolle er ihn reizen, zeigte er auf den Jungen und schnitt ihm Gesichter.

Der Junge drohte ihm und schrie ihn an, aber der Affe riss nur umso boshafter die Mütze in Fetzen.

Die Matrosen lachten immer lauter, doch dem Jungen stieg das Blut in den Kopf, er riss sich die Jacke vom Leib und begann, hinter dem Affen herzujagen. In einer Minute zog er sich am Tau bis zur ersten Querstange hoch. Aber der Affe war wendiger als er. In der gleichen Sekunde, als der Junge die Mütze schon zu fassen glaubte, war der Affe schon wieder ein großes Stück höher geklettert.

„Du entkommst mir nicht", schrie der Junge und kletterte ihm nach. Der Affe lockte ihn wieder zu sich heran, kletterte ihm wieder vor der Nase weg, aber der Junge war nun schon so in Hitze, dass er nicht mehr zurückblieb.

So gelangten der Affe und der Junge im selben Augenblick nach oben. Dort nun reckte sich der Affe zu seiner ganzen Länge und hängte, mit einem Fuß das Tau umklammernd, die Mütze an das Ende der obersten Querstange, zog sich selbst bis zur Mastspitze hoch, krümmte sich dort zusammen und bleckte erfreut die Zähne,

Vom Mast bis zum Ende der Querstange, wo die Mütze hing, waren es zwei Arschin (Ellen), sodass sie nicht zu erreichen war, außer man ließ Tau und Mast aus den Händen. Aber der Junge war in blinder Erregung. Er ließ den Mast los und trat auf die Querstange.

Bisher hatte jedermann auf Deck nur geschaut und über alles gelacht, was der Affe und der Sohn des Kapitäns vollbrachten.

Als man nun sah, dass der Junge das Tau losließ und mit schwankenden Armen auf die Querstange trat, erstarrten alle vor Schreck. Er brauchte nur einen Fehltritt zu tun, und er stürzte zerschmettert an Deck.

Aber selbst, wenn er nicht danebentrat, sondern bis zum Ende der Querstange kam und die Mütze fassen konnte, wäre das Umkehren und Zurückgehen überaus schwierig gewesen. Alle schauten schweigend zu und warteten, wie es ausgehen werde.

Plötzlich stöhnte jemand vor Angst. Von diesem Laut kam der Junge zu sich, blickte nach unten und fing an zu schwanken.

Zur selben Zeit trat der Kapitän des Schiffes, der Vater des Jungen, aus seiner Kajüte. Er hatte ein Gewehr dabei, um Möwen zu schießen. Er sah seinen Sohn auf dem Mast, und sofort legte er auf den Sohn an und schrie: „Ins Wasser! Sofort! Spring ins Wasser, sonst schieße ich."

Der Junge schwankte, doch er begriff nicht.

„Spring oder ich schieße! Eins, zwei ..."

Und kaum hatte der Vater „drei" geschrien, da sprang der Junge kopfüber hinaus. Wie eine Kanonenkugel klatschte der Körper des Jungen ins Meer, und das Wasser hatte noch nicht Zeit gehabt, ihn zu bedecken, als auch schon an die zwanzig Matrosen, kräftige Kerle, vom Schiff ins Wasser sprangen.

Nach etwa vierzig Sekunden, die allen zur Ewigkeit wurden, tauchte der Körper des Jungen wieder auf. Er wurde gefasst und an Deck gebracht.

Einige Minuten lang kam Wasser aus Mund und Nase, dann begann er wieder zu atmen. Als der Kapitän das sah, schrie er auf, als würge ihn etwas. Dann ging er rasch in seine Kabine, damit keiner sähe, wie er weinte.

LEO TOLSTOI

Ein Baum erzählt

Als ich noch kleiner war, merkte ich nichts. Aber als ich dann heranwuchs und mich selbst betrachtete, fiel mir der Unterschied auf. Ich war klein, knorrig, ein wenig krumm und verwachsen und klammerte mich mit vielen Wurzeln an den Felsen. Die anderen Bäume, die ich sehen konnte, waren dagegen prächtig: machtvolle Buchen mit einer riesigen Krone, hohe schlanke Tannen und Bergahorn, der im Herbst herrlich gelb leuchtete. Ich stehe, müsst ihr wissen, an einer Felswand, auf einem schmalen Vorsprung, und habe meine Wurzeln in das bisschen Erde und in die Felsritzen gekrallt.

Ich wollte immer groß und schön werden, meine Krone im Wind wiegen und meine Blätter vom Regen streicheln und von der Sonne trocknen lassen. Aber ich blieb ziemlich klein; der Wind fegte durch meine Äste, wenn er auf die Felswand zublies, die Sonne wärmte mich nur bis zum Mittag, bevor sie hinter der Felswand verschwand und nur die schönen Bäume im Tal und am gegenüberliegenden Berghang beschien.

Warum musste ich gerade hier stehen? Aus dem bisschen Erde konnte ich nicht genug Kraft schöpfen, um heranzuwachsen und all meine Schönheit, die in mir steckte, zu entfalten. Ich war unzufrieden mit meinem Schicksal. Warum musste ich so sein und so werden?

Eines Tages an einem schönen Vorfrühlingsmorgen, als die Erde vom Tal bis zu mir herauf duftete, die Singdrosseln ihr Lied begannen und mich die allerersten Sonnenstrahlen küssten, durchrieselte es mich warm und wohlig. Was für eine herrliche Aussicht! So weit wie ich konnte kaum ein anderer Baum ins Tal sehen. Die Felswand hinter mir beschützte mich vor der eisigen Kälte, die vom Gletscher herunterwehte.

Von diesem Tag an begann ich nachzudenken, und langsam wurde mir klar: Ich bin, so wie ich bin, etwas Besonderes. Meine Besonderheit ist mein krummer Stamm, sind meine knorrigen Wurzeln, meine kurzen, kräftigen Äste. Ich passe hier an meinen Platz und bin etwas wert. Ich muss nur die Augen aufmachen und mich richtig ansehen. Die anderen Bäume, die Tannen am Hang gegenüber und die Buchen im Tal haben ihre Schönheit und sind richtig an dem Platz. Aber auch ich habe meinen Platz und bin richtig auf meinem schmalen Felsvorsprung. Warum hat es nur so lange gedauert, bis ich das erkannt habe?

KARL-HEINZ WAGNER

Der fremde Mann

Ein fremder Mann hat mir einen Brief geschrieben. Nicht von Europa schrieb mir der fremde Mann, nicht von Moses, weder von den großen noch von den kleinen Propheten, nicht vom Kaiser von Russland oder dem Zaren Iwan, dem Grausen, seinem fürchterlichen Vorfahren. Nicht vom Bürgermeister oder vom Nachbar Flickschuster, nicht von der nahen Stadt, nicht von den fernen Städten; und auch der Wald mit den vielen Rehen, darin ich jeden Morgen mich verliere, kommt in seinem Briefe nicht vor. Er erzählt mir auch nichts von seinem Mütterchen oder von seinen Schwestern, die gewiss längst verheiratet sind. Vielleicht ist auch sein Mütterchen tot; wie könnte es sonst sein, dass ich sie in einem vierseitigen Briefe nirgends erwähnt finde! Er erweist mir ein viel, viel größeres Vertrauen, er macht mich zu seinem Bruder, er spricht mir von seiner Not.

Am Abend kommt der fremde Mann zu mir. Ich zünde keine Lampe an, helfe ihm den Mantel ablegen und bitte ihn, mit mir Tee zu trinken, weil das gerade die Stunde ist, in welcher ich täglich meinen Tee trinke. Und bei so nahen Besuchen muss man sich keinen Zwang auferlegen. Als wir uns schon an den Tisch setzen wollen, bemerke ich, dass mein Gast unruhig ist; sein Gesicht ist voll Angst und seine Hände zittern.

„Richtig“, sage ich, „hier ist ein Brief für Sie.“ Und dann bin ich dabei, den Tee einzugießen. „Nehmen Sie Zucker und vielleicht Zitrone? Ich habe in Russland gelernt, den

Tee mit Zitrone zu trinken. Wollen Sie versuchen?" Dann zünde ich eine Lampe an und stelle sie in eine entfernte Ecke, etwas hoch, sodass eigentlich Dämmerung bleibt im Zimmer, nur eine etwas wärmere als früher eine rötliche. Und da scheint auch das Gesicht meines Gastes sicherer, wärmer und um vieles bekannter zu sein. Ich begrüße ihn noch einmal mit den Worten: „Wissen Sie, ich habe Sie lange erwartet." Und ehe der Fremde Zeit hat zu staunen, erkläre ich ihm, „ich weiß eine Geschichte, welche ich niemandem erzählen mag als Ihnen; fragen Sie mich nicht, warum, sagen Sie mir nur, ob Sie bequem sitzen, ob der Tee genug süß ist und ob Sie die Geschichte hören wollen." Mein Gast musste lächeln. Dann antwortete er einfach: „Ja." „Auf alles drei: Ja?" „Auf alles drei." Wir lehnten uns beide zugleich in unseren Stühlen zurück, sodass unsere Gesichter schattig wurden. Ich stellte mein Teeglas nieder, freute mich daran, wie goldig der Tee glänzte, vergaß diese Freude langsam wieder und fragte plötzlich: „Erinnern Sie sich noch an den lieben Gott?"

Der Fremde dachte nach. Seine Augen vertieften sich ins Dunkel, und mit den kleinen Lichtpunkten in den Pupillen glichen sie zwei langen Laubengängen in einem Park, über welchem leuchtend und breit Sommer und Sonne liegt. Auch diese beginnen so, mit runder Dämmerung, dehnen sich in immer engerer Finsternis bis zu einem fernen, schimmernden Punkt: dem jenseitigen Ausgang in einen vielleicht noch viel helleren Tag. Während ich das erkannte, sagte er zögernd und als ob er sich nur ungern seiner Stimme bediente: „Ja, ich erinnere mich noch an Gott." „Gut", dankte ich ihm, „denn gerade von ihm handelt meine Geschichte. Doch zuerst sagen Sie mir noch:

Sprechen Sie bisweilen mit Kindern?" „Es kommt wohl vor, so im Vorübergehen, wenigstens –" „Vielleicht ist es Ihnen bekannt, dass Gott infolge eines hässlichen Ungehorsams seiner Hände nicht weiß, wie der fertige Mensch eigentlich aussieht?" „Das habe ich einmal irgendwo gehört, ich weiß indessen nicht, von wem." – entgegnete mein Gast, und ich sah unbestimmte Erinnerungen über seine Stirn jagen. „Gleichviel", störte ich ihn, „hören Sie weiter. Lange Zeit ertrug Gott diese Ungewissheit. Denn seine Geduld ist wie seine Stärke groß. Einmal aber, als dichte Wolken zwischen ihm und der Erde standen viele Tage lang, so dass er kaum mehr wusste, ob er alles: Welt und Menschen und Zeit nicht nur geträumt hatte, rief er seine rechte Hand, die so lange von seinem Angesicht verbannt und verborgen gewesen war in kleinen unwichtigen Werken. Sie eilte bereitwillig herbei; denn sie glaubte, Gott wolle ihr endlich verzeihen. Als Gott sie so vor sich sah in ihrer Schönheit, Jugend und Kraft, war er schon geneigt, ihr zu vergeben. Aber rechtzeitig besann er sich und gebot, ohne hinzusehen: ‚Du gehst hinunter auf die Erde. Du nimmst die Gestalt an, die du bei den Menschen siehst, und stellst dich, nackt, auf einen Berg, sodass ich dich genau betrachten kann. Sobald du unten ankommst, geh zu einer jungen Frau und sag ihr, aber ganz leise: Ich möchte leben. Es wird zuerst ein kleines Dunkel um dich sein und dann ein großes Dunkel, welches Kindheit heißt, und dann wirst du ein Mann sein und auf den Berg steigen, wie ich es dir befohlen habe. Das alles dauert ja nur einen Augenblick. Leb wohl.' Die Rechte nahm von der Linken Abschied, gab ihr viele freundliche Namen, ja es wurde sogar behauptet, sie habe sich plötzlich vor ihr verneigt und gesagt: ‚Du, heiliger Geist.‘ Aber schon trat der heilige Paulus herzu, hieb dem lieben Gott die rechte Hand ab, und ein Erzengel fing sie auf und trug sie unter seinem weiten Gewand davon. Gott aber hielt sich mit der Linken die Wunde zu, damit sein Blut nicht über die Sterne ströme und von da in traurigen Tropfen herunterfiele auf die Erde. Eine kurze Zeit später bemerkte Gott, der aufmerksam alle Vorgänge unten betrachtete, dass die Menschen in den eisernen Kleidern sich um einen Berg mehr zu schaffen machten, als um alle anderen Berge Und er erwartete, dort seine Hand hinaufsteigen zu sehen. Aber es kam nur ein Mensch in einem, wie es schien, roten Mantel, welcher etwas schwarzes Schwankendes aufwärts schleppte. In demselben Augenblicke begann Gottes linke Hand, die vor seinem offenen Blute lag, unruhig zu werden, und mit einem Mal verließ sie, ehe Gott es verhindern konnte, ihren Platz und irrte wie wahnsinnig zwischen den Sternen umher und schrie: ‚Oh, die arme rechte Hand, und ich kann ihr nicht helfen.‘ Dabei zerrte sie an Gottes linkem Arm, an dessen äußerstem Ende sie hing, und bemühte sich loszukommen. Die ganze Erde aber war rot vom Blute Gottes, und man konnte nicht erkennen, was darunter geschah. Damals wäre Gott fast gestorben. Mit letzter Anstrengung rief er seine Rechte zurück; sie kam blass und bebend und legte sich an ihren Platz, wie ein krankes Tier. Aber auch die Linke, die doch schon manches wusste, da sie die rechte Hand Gottes damals unten auf der Erde erkannt hatte, als diese in einem roten Mantel den Berg erstieg, konnte von ihr nicht erfahren, was sich weiter auf diesem Berge begeben hat. Es muss etwas sehr Schreckliches gewesen sein. Denn Gottes Rechte hat sich noch nicht davon erholt, und sie leidet unter ihrer Erinnerung nicht weniger, als unter dem alten Zorne Gottes, der ja seinen Händen immer noch nicht verziehen hat." Meine Stimme ruhte ein wenig aus. Der Fremde hatte sein Gesicht mit den Händen verhüllt. Lange blieb alles so. Dann sagte der fremde Mann mit einer Stimme, die ich längst kannte: „Und warum haben Sie mir diese Geschichte erzählt?"

„Wer hätte mich sonst verstanden? Sie kommen zu mir ohne Rang, ohne Amt, ohne irgend eine zeitliche Würde, fast ohne Namen. Es war dunkel, als Sie eintraten, allein ich bemerkte in Ihren Zügen eine Ähnlichkeit –" Der fremde Mann blickte fragend auf. „Ja", erwiderte ich seinem stillen Blick, „ich denke oft, vielleicht ist Gottes Hand wieder unterwegs ..."

Die Kinder haben diese Geschichte erfahren, und offenbar wurde sie ihnen so erzählt, dass sie alles verstehen konnten; denn sie haben diese Geschichte lieb.

RAINER MARIA RILKE

Begegnung im Dom

In deinem Alter, Junge, als ich fünfzehn war und gerade im ersten Jahr die Kunstgewerbeschule besuchte, da zog ich tagelang mit meinem Skizzenbuch durch die Stadt, ging in die Kirchen und zeichnete und sammelte, was mir gefiel.

So kam ich auch eines Vormittags in den Dom, wo Kühlung und Stille war und wo du glaubtest, den Atem der Engel zu spüren. Lichttücher lagen auf den Fliesen, ich hatte noch das Gurren der Tauben im Ohr, und da – vor der „Madonna im Rosenhag" des Stephan Lochner – hatte ein Maler seine Staffelei aufgebaut und kopierte.

Ein alter Mann. Tage und Wochen schon mochte er gearbeitet haben, schon war das Netz auf der Leinwand nicht mehr zu sehen. Er arbeitete, während ich leise, wie auf Zehenspitzen, hinter ihn trat und ihm über die Schulter hinweg zusah, arbeitete bedächtig, in Andacht und Ruhe, da störte ihn nichts, in diesem Gespräch mit dem Meister, er selbst nur Nachvollzieher und Anverwandter, Diener im Tempel der Kunst, in den ich, ein Junge von fünfzehn Jahren, staunend und lernend damals zum ersten Mal eintrat.

Noch fehlten die Augen der Madonna: das Schwierigste, wie es schien, da hatte sich im Dunkel des Seitenschiffs eine Tür geöffnet und war wieder ins Schloss gefallen, Schritte waren zu hören, schlurfend, langsam, und wie ich mich umblickte, kam da ein Männlein heran, alt, sehr alt, mit silbernem Haar, klein und gebückt, schwer sich

stützend auf einen Stock, kam heran und blieb stehen und blickte dem Maler über die Schulter wie ich.
Und plötzlich, hüstelnd, mit einem Stimmchen: „Ach, erlauben Sie?“, sagte er, „Ihren Pinsel?“
Ich erschrecke: was wird das geben! Wird er sich nicht empören, der Maler, sich dies nicht verbitten?
Aber der, aufblickend und – wie es schien – keineswegs überrascht, hatte schon stillschweigend genickt und dem andern den Pinsel gereicht, hielt selbst die Palette, während der andere nun mit der Linken sich auf seine Schulter stützte und mit zitternder Hand den Pinsel hielt, einer Hand, die aufhörte zu zittern im selben Augenblick, da er jetzt, um die Farbe zu mischen, den Pinsel auf die Palette setzte.
„So, nehmen Sie etwas Ultramarin, etwas Weiß, so“ - und hob nun die Hand, die jetzt ruhig war, „so, etwa so“, berührte mit dem Pinsel die noch weißen Stellen im Antlitz der Madonna und malte, während ich atemlos zusah, die Iris der Augen, mischte zwei-, dreimal, verglich und malte – und da waren die Augen und blickten klar und mild wie die des Originals. Und gab dem andern den Pinsel zurück und schlurfte davon.
Und wie sein Schritt verklungen war vorn im Chor und er dort sich gesetzt haben mochte in einem der dämmernden Stühle, fragte mich der Maler, seinen Pinsel still in der Hand haltend und das, was der andere gemalt hatte, betrachtend: „Weißt du, wer das war, Junge?“
„Nein“, sagte ich.
„Das“, sagte er leise und nickte mit dem Kopf, „das war Moritz von Schwind.“
So erzählte es mir mein Großvater, der selbst Maler war, als er neunzig und ich fünfzehn war, in meiner Gymnasial-

zeit, als ich anfing, mich für die Geschichte der Kunst zu interessieren.

THEODOR WEISSENBORN

Wenn ihr nicht werdet wie die Kinder …

In diesem Jahr fiel das Osterfest besonders früh aus. Gerade erst hatte man die Schlitten in die Scheunen gestellt, noch immer lag Schnee auf den Höfen, und durch die Dörfer rannen schmutzige Rinnsale. Auch zwischen zwei großen Höfen hatte sich direkt neben dem Dunghaufen eine große Pfütze gebildet. Und dort trafen sich zwei Mädchen. Die beiden waren zu dem Fest von ihren Müttern ganz besonders herausgeputzt worden.
Die Jüngere trug ein blaues, die andere ein gelb gemustertes leid. Beide hatten rote Tücher um den Kopf geschlungen. Und nach ein paar freundlichen Worten verspüren beide die Lust, in der Pfütze zu spielen. Vor allem die Kleinere wollte sogleich in die Pfütze treten. Da aber sagte die Große: „Nicht, Malaschka. Zuerst wollen wir die Schuhe ausziehen, damit Mutter nicht böse wird."
So geschah es. Beide hoben nun ihre Röckchen und gingen durch die Pfütze aufeinander zu. Bald reichte der Kleineren das Wasser bis zu den Knöcheln, und sie sagte: „Wie tief es ist, Akulka, ich habe Angst."
„Du Angsthase", sagte da die andere und bespritzte aus lauter Übermut Malaschkas Kleidchen!
Sofort füllten sich deren Augen mit Tränen. Doch als sie die Flecken auf ihrem Kleid entdeckte, wurde sie böse. Sie schimpfte wie ein Rohrspatz, wollte Akulka vergraulen und rannte in der Lache hinter ihr her. Akulka aber lachte, denn sie war die Stärkere.
Wenig später ging Malaschkas Mutter vorüber und sah

das beschmutzte Kleid. „Was ist passiert?“, fragte sie streng. „Akulka hat mich nass gemacht“, sagte das Kind. Da gab die Frau Akulka eine Kopfnuss. Die Kleine begann loszuplärren, dass man es in dem ganzen Dorf hören konnte. Auch Akulkas Mutter hörte es. „Was schlägst du meine Kleine?“, fragte sie ihre Nachbarin und begann mit ihr zu schimpfen.

Da kamen auch die Bauern hinzu, und alles schrie durcheinander. Es hätte noch eine riesengroße Prügelei gegeben, wenn nicht eine weise alte Frau, Akulkas Großmutter, sich eingemischt hätte.

„Was soll denn das, ihr lieben Leute“, sagte sie. „Heute ist das große Fest der Christenheit, heilige Freude soll in euch sein und Frieden allerorten – und ihr begeht die große Sünde des Streites?“

Doch die Worte der Alten schienen in den Wind gesprochen. Wenn nicht auf einmal Akulka und Malaschka wieder aufgetaucht wären. Denn während die Erwachsenen stritten, hatte Malaschka den Flecken ausgewaschen. Dann war sie zur Pfütze zurückgegangen und hatte mit einem kleinen Stein ein Loch gegraben, damit das Wasser zur Straße hin abfließen konnte. Und Akulka half ihr, indem sie mit einem Stück Holz einen kleinen Graben ausstach.

Und als eben die Bauern anfangen wollten, sich zu prügeln, da brachten die Kleinen das Wasser zum Abfließen. Die beiden Mädchen aber liefen Hand in Hand den Bach entlang, freuten sich über ein Holzstück, das auf dem Wasser tanzte, und gerieten so unversehens in den Menschenhaufen.

Da sagte die Alte: „Ach, ihr Toren – da wollt ihr euch wegen zweier Mädchen verprügeln, die selbst schon ihren

Streit längst vergaßen und wieder miteinander spielen. Schaut auf diese beiden und schämt euch. Denn diese kleinen Mädchen sind klüger als ihr alle."
Da senkten die Bauern ihre Köpfe. Dann mussten sie lachen und gingen auseinander. Die Alte aber sprach: „Wenn ihr nicht werdet wie die Kinder, werdet ihr nicht ins Himmelreich gelangen."

LEO TOLSTOI

Der eiserne Engel

Es geschah in jenem Winter, der alle Kälterekorde der letzten Jahrzehnte brach. Die Zeitungen schrieben von der vorrückenden Kälte wie von einer Front, die bedrohlich immer näher kommt und alles und alle in ihren Bann schlägt. In Schweden sprach man von minus 42 Grad Celsius. Und an der Grenze zwischen Österreich und Ungarn erfroren in einem Autostau acht Menschen, als stundenlange Schneefälle die Kolonne eingeschneit hatten. Die Züge kamen mit überdimensionaler Verspätung an, und in den Straßen norddeutscher Großstädte sah man Menschen ihre Einkäufe auf Skiern bewältigen.

Mitte Januar jenes Jahres machte er Urlaub im Schwarzwald. Der hielt diesmal alles, was man sich von ihm versprach: viel Schnee, beständige Kälte, wenn auch mit tiefsten Temperaturen, von den Schneekristallen verzauberte Bäume und Wälder. Es dauerte ein paar Tage, bis er seine Langlaufqualitäten einigermaßen erreicht hatte. In der Loipe zwischen dem „Notschrei" und dem „Stübenwasen" bis hin zum Feldberg kannte er sich inzwischen gut aus.

Aber jeden Tag dieselbe Spur? Jeden Tag soundso viele, die an ihm vorbeihasteten, weil sie offenbar irgendein Trainingsprogramm absolvierten, dem sie sich innerlich verpflichtet fühlten – das reichte ihm langsam. Er hatte sich eine schöne Route ausgedacht. Zunächst die Spur in der üblichen Loipe bis hin zur „Wilhelmer Hütte". Von da an über den „Toten Mann" zur „Stollenbachhütte" und

dann irgendwie zurück. Es war an dem Tag schönes Wetter, als er aufbrach.
Er zog dahin, ab und zu verharrend, wenn sich ein besonders schöner Anblick bot, oder auch manchmal, um einen besonders schönen, geradezu weihnachtlich geschmückten Baum zu fotografieren. Es war schon Nachmittag, als er endlich an der „Wilhelmer Hütte" ankam, um sich ein wenig aufzufrischen.
Als er auf die Uhr schaute, hatte er den Eindruck, dass es eigentlich zu spät sei, um diese lange Tour zur „Stollenbachhütte" anzutreten. Aber er hatte sich das vorgenommen und überlegte, dass er im Notfall von dort absteigen könnte und zur nächsten Station, um mit dem Bus zurück nach Todtnauberg zu kommen.
Gestärkt von einigen Erbsensuppenwürfeln und der dazugehörigen Wurst, machte er sich auf den Weg. Es war ein herrliches Gefühl, über die weiten, weißen Flächen zu gleiten, seiner eigenen Spur, die er sich vorgenommen hatte, zu folgen.
Von sommerlichen Wanderungen her kannte er die Gegend und sah überhaupt keine Schwierigkeit, in die beginnende Dämmerung hinein ans Ziel zu kommen. Er freute sich über die Einsamkeit, die nur durch das Geräusch des Dahingleitens unterbrochen wurde. Ein Waldstück galt es zu durchqueren und dabei wieder aufzusteigen, was ihm guttat, weil er damit endlich wieder ein wenig ins Schwitzen kam. Die lange Abfahrt hatte ihn doch ausgekühlt. Im Wald merkte er, dass es dunkler wurde, und als er auf eine freie Fläche hinauskam, beeilte er sich, um nicht zu sehr in die beginnende Nacht hineinzugeraten. Wieder lag ein Waldstück vor ihm, diesmal ging es bergab, und vorsichtig glitt er ei-

nen schrägen, von hohen Tannen bewachsenen Hang hinunter.
Kurz vor einer Lichtung passierte es dann. Entweder hatte er nicht richtig aufgepasst oder zu selten die Spur für die nächsten paar hundert Meter mit den Augen ausgewählt, jedenfalls war der rechte Ski unter einen starken Ast geraten, und er spürte, wie ein reißender Schmerz in den rechten Fuß fuhr. Er stürzte hin, versuchte sich wieder aufzurichten und merkte, wie der Fuß ihm nicht mehr gehorchte. Er machte die Skier los und probierte, ob er sich am Baumstamm entlang etwas aufrichten konnte. Das ging zunächst, aber als er ein paar Schritte vorwärts wollte, fühlte er, wie das rechte Bein nicht mittat.
Erst einmal einen Blick in die Runde, in der Hoffnung, dass er vielleicht irgendwo einen Menschen sehen würde – aber niemand, den er entdecken konnte. Ein paar Rufe um Hilfe, die er versuchte, verklangen im Wald. Langsam stieg in ihm das Gefühl auf: Du bist hier in eine gefährliche Situation geraten. Bei diesen kalten Temperaturen lange liegen, das geht nicht gut. Aufkommende panische Angst drängte er zurück, weil er davon ausging, dass er sich hier ja auskannte – und damit das bedrohliche Unbekannte schon einmal ausgeschaltet war. Er versuchte, den Fuß abzutasten. Aber es gelang ihm nicht, festzustellen, ob gebrochen oder so schwer gestaucht, dass er einfach nicht gehfähig war. Und er fing an, darüber nachzudenken, was jetzt als Nächstes, als Notwendigstes dran wäre. Nicht auskühlen! Das hatte er immer von den Männern von der Bergwacht gehört. Also nahm er aus dem Rucksack den dicken warmen Pullover, den er immer dabei hatte, und zog ihn über. Dann versuchte er, den Rucksack um das Bein herumzuschnallen, um es

besonders gegen die Kälte zu schützen, und lehnte sich danach gegen den Baumstamm und überlegte.
In den Seitentaschen des Rucksacks hatte er Streichhölzer, auch ein bisschen Papier, so dass er hoffte, sich ein kleines Feuer zu machen – im Notfall, um wenigstens eine Wärmequelle zu haben, wenn vor Einbruch der Nacht keine Hilfe für ihn kam. Und dann entdeckte er ganz unten die Taschenlampe.
Auch sie gehörte zum ständigen Inhalt im Rucksack. Lange nicht gebraucht, gab sie noch einigermaßen Licht, vielleicht um Signale zu setzen, so hoffte er, wenn es ganz dunkel wäre, um spät heimkehrende Skifahrer oder Wanderer auf sich aufmerksam zu machen.
Er schaute auf die Uhr. Es war dunkel geworden, klarer Sternenhimmel. Es war bitterkalt. Langsam fraß sich die Kälte in ihn hinein. Er versuchte sich mit ein paar Übungen warm zu halten, nahm das letzte Stück Schokolade aus einem Vorratsbehälter, um sich ein wenig zu stärken, und wartete und wartete.
Plötzlich merkte er, wie er von der Kälte müde wurde. Der Schmerz hatte nachgelassen. Aber immer wenn er meinte, dass er jetzt wieder versuchen könnte, einen Schritt vorwärts zu tun, fuhr wieder ein Schmerz wie mit einem Messer durch den Fuß. Er hatte gelesen: Nur nicht müde werden! Wer müde wird durch die Kälte, droht einzuschlafen – und das ist dann der Anfang vom Ende.
Und so sang er Lieder vor sich hin, die er kannte, Wanderlieder, Berglieder, und er sang auch die anderen, die sonst nicht zu seinem Repertoire gehörten: „Wer nur den lieben Gott lässt walten ..."
Das fiel ihm dabei ein, und als er es ausgesungen hatte und daran dachte, dass es eins von den Liedern ist, das

noch eine ganz andere Dimension auch in diese Stunde bringen würde, war er mit seinen Gedanken auf lange Zeit beschäftigt. Und es kam ihm in den Sinn die Zeile: „Weg hast allerwegen, an Mitteln fehlt dir's nicht." Und aus dem Nachdenken gingen seine Gedanken über in ein Gebet, indem er Gott um Hilfe bat. Um die Kraft, zu bestehen, und um seine Nähe.
Als er meinte, immer mehr davon ausgehen zu müssen, dass er die Nacht hier zubringen würde, und im Umkreis, soweit er kriechen konnte, Holz beieinandergefügt hatte, um ein kleines Feuer anzumachen, hörte er ein Brummen in der Luft. Es kam immer näher. Und nun sah er auch schon die Positionslichter eines Hubschraubers, der ziemlich niedrig über den Wald daherkam. In einer Reflexbewegung versuchte er, sich zu erheben und zu winken, ohne daran zu denken, dass ihn dort oben niemand sehen könnte. Aber dann fiel ihm ein: die Taschenlampe. Und er versuchte ein paar Lichtsignale hinter dem Hubschrauber herzuschicken, der schon längst wieder seinen Augen entschwunden war.
Ganz heimlich hatte er gehofft, dass man ihn gesehen haben könnte. Aber nichts tat sich. Er hatte in den vergangenen Minuten so viel Kraft verbraucht, dass er, nachdem das Brummen des Hubschraubers abgeklungen war, sich ziemlich verzweifelt gegen den Baumstamm lehnte. Jetzt merkte er auch das Bein – es tat ihm wieder mehr weh. Er spürte, wie die Kälte sich langsam in ihm festsetzte. Er hatte nur eine Angst, dass er einschlafen könnte.
Ein Jahr zuvor hatte er in einer Gaststube einen Bergwachtmann erzählen hören, wie eine Frau sich verirrt hatte und erst nach zwei Tagen aufgefunden worden war. Erfroren. Und das Entsetzliche: Schon hatten ir-

gendwelche Tiere – wahrscheinlich Füchse – an ihr herumgefressen.

Als er von dem in Reichweite gefundenen Holz endlich ein kleines Feuer zusammenbrachte, hörte er wieder ein fernes Brummen. Es kam näher. Viel langsamer als das letzte Mal. Aber der Hubschrauber glitt wieder über ihn hinweg. Schon wollte er aufgeben. Da merkte er, wie diese Maschine sich über der nicht weit entfernten Lichtung langsam zu Boden senkte. Gespannt schaute er in die Richtung, wo der Hubschrauber sich langsam auf der Waldlichtung niederließ. Aber nur ganz kurz stieß er auf den Boden auf, einige nicht identifizierbare Typen sprangen heraus. Und schon startete er wieder und verschwand hinter den Bäumen, die sich scharf vom hellen Nachthimmel abzeichneten.

Die Maschine war zwar weg, aber die Männer, die herausgesprungen waren, die mussten doch irgendwo sein. Und so rief er: „Hallo! Hilfe! Ich bin verletzt! Hier bin ich!" Und er legte extra einen größeren Scheit Holz auf das Feuer, damit es hell aufflammte. Einen Zweig, der nahe am Feuer gelegen hatte und der vertrocknete Tannennadeln trug, zog er durch die Flammen und schwenkte ihn hin und her. Und dann sah er zwei auf sich zukommen, winterlich verpackt, dick eingemummt – eigentlich zum Fürchten mit ihren geschwärzten Gesichtern. Aber so weit dachte er jetzt nicht.

Er rief ihnen entgegen: „Was bin ich froh, dass Sie mich gefunden haben! Haben Sie meine Signale gesehen? Das Feuer vielleicht?" Sie guckten ihn ganz verwundert an: „Mann, wo kommen Sie denn her?" Und dann erzählte er ihnen die ganze Geschichte.

Einer von beiden sagte: „Da haben Sie aber Glück ge-

habt. Wir haben eine Nachtübung von der Bundeswehr und wurden mit einem ganz bestimmten Auftrag in der Lichtung abgesetzt. Da haben Sie wirklich Glück gehabt!"
Sie riefen ihre Kameraden.
Einer von ihnen hatte ein Funksprechgerät bei sich; er gab durch, welch einen seltenen Vogel sie da mitten im Wald gefunden hatten und wie nötig Hilfe sei. Nicht zuletzt wegen der beginnenden Unterkühlung.
Es dauerte nicht lange, da kam der Hubschrauber zurück, und sie trugen ihn zur offenen Tür und legten ihn vorsichtig auf eine Tragbahre.
Wenig später war er in einem Freiburger Unfallkrankenhaus in den Händen kundiger Ärzte und freundlicher Schwestern.
Später erzählte er seine Geschichte einigen Freunden. Ich war auch dabei. Und er sagte am Schluss:
„Was ich da erlebt habe, ist mir unvergesslich. Wie viel Möglichkeiten hat Gott doch, um einem Menschen zu helfen. Und manchmal braucht er dazu sogar Menschen als eiserne Engel."

JOHANNES KUHN

Ein Kreis der Freude

Zu einem Kloster kommt eines Tages ein Landwirt. In der Hand hat er eine große Weintraube mit herrlich saftigen Beeren. Er geht zum Bruder an der Pforte, den er sehr gut kennt.

„Bruder Pförtner, ich habe die schönste Weintraube aus meinem Weinberg mitgebracht. Raten Sie mal, wem ich damit eine Freude machen will?“ Der Bruder überlegt. „Wahrscheinlich dem Abt oder sonst einem Pater, ich weiß es nicht.“ „Ihnen!“ – „Mir?“ Der Bruder wird ganz rot vor Freude. „Mir? Sie haben an mich gedacht?“ Er findet kaum Worte. „Ach ja“, sagt der Bauer glücklich, „wir sprechen so oft miteinander, und ich brauche so oft Ihre Hilfe, warum soll ich Ihnen nicht mal eine Freude machen?“ Und die Freude, die er im Gesicht des anderen sieht, die macht ihn selbst innerlich froh.

Der Bruder Pförtner legt die Weintraube vor sich hin. Ach, die ist viel zu schön, um etwas davon abzupflücken. Den ganzen Nachmittag erfreut er sich an ihrem Anblick. Dann hat er eine Idee: „Wenn ich die jetzt unserem Vater Abt schenke, was für eine Freude wird der haben!“ Und der Bruder gibt die Traube weiter.

Der Abt freut sich wirklich. Und als er abends einen kranken Mitbruder in seinem Zimmer besuchen will, da kommt ihm der Gedanke: „Den kannst du sicher mit dieser Traube frohmachen.“ So wandert die Traube weiter. Und sie bleibt nicht bei dem Kranken.

Schließlich bringt sie ein Mönch wieder zum Bruder

Pförtner, um ihm eine Freude zu machen. Er wusste natürlich nicht, dass die Weintraube von ihm ausgegangen war.
So hatte sich der Kreis geschlossen: Ein Kreis der Freude.

UNBEKANNT

Das Märchen vom Gänseblümchen

Als vor langer, langer Zeit einst Gott die Welt geschaffen hatte mit den Blumen und Tieren, mit den Bergen und Tälern, mit der Sonne und den Sternen, da freute er sich, weil die Welt so schön geworden war. Und als er die Blumen und die Tiere, die Berge und die Täler, die Sonne und die Sterne fragte, ob sie sich auch so freuten, da nickten alle. Sie waren ja so dankbar dafür, dass Gott sie geschaffen hatte. Nur ein einziges Blümchen weinte ganz still vor sich hin. So leise es auch weinte, Gott hörte es doch. So beugte er sich tief hinunter zu dem Blümchen und fragte, warum es weine. Da schämte sich das Blümchen so, dass es ein bisschen rot anlief. Aber wirklich nur ein ganz klein bisschen. Gott sagte ihm nämlich sogleich, dass es sich nicht zu schämen brauche und dass es ihm doch seinen Kummer erzählen solle. Er werde ihm gern zuhören. Da dankte das Blümchen Gott dafür, dass er es so wunderschön geschaffen hatte, winzig klein, aber mit einem grünen Stiel und grünen Blättern, mit weißen Blütenblättern und einem goldgelben kleinen runden Kissen in der Mitte.

„Ich freue mich jeden Tag so sehr, dass die Sonne scheint!“, sagte das Blümchen. „Es gibt nichts Schöneres auf der Welt! Und ich schaue der Sonne nach, solange ich nur kann.“ Ganz traurig senkte es dann das Köpfchen und fügte leise hinzu: „Aber wenn die Sonne hinter den Bergen untergeht und es dunkel wird, dann habe ich solche Angst, dass ich fast sterbe.“

„Nachts leuchtet doch der Mond!“, sagte Gott. „Und so

viele Sterne habe ich geschaffen, dass die Nacht keinen erschrecken kann!"
„Du hast recht!", sagte das Blümchen bescheiden und senkte den Kopf.
„Dann hast du jetzt auch nachts keine Angst mehr!", sagte Gott darauf. Doch das Blümchen antwortete mit einem dünnen Stimmchen: „Doch!"
Da blickte Gott das winzige Blümchen mitleidig an und sagte so lieb, wie nur Gott zu seinen Geschöpfen sprechen kann: „Ich bin doch bei dir! Auch mitten in der dunklen Nacht!"
„Aber es ist so dunkel, dass ich dich nicht sehen kann!", antwortete das Blümchen mit zitternder Stimme. „Meine Angst ist dann so groß, dass ich dich nachts vor Angst nicht sehe."
„Du musst mich nicht in der Nacht suchen, nicht in der Dunkelheit!", sagte Gott und lächelte gütig. „Du musst die Augen zumachen und ganz fest daran denken, dass ich bei dir bin und du keine Angst zu haben brauchst!"
„Hmhm!", brummelte das Blümchen leise und wackelte ein wenig mit seinem Köpfchen. Es spürte ja so sehr, wie gut Gott zu ihm war. Aber trotz allem, Gott musste doch wissen, dass Blumen nicht ihre Augen schließen können. Das Blümchen wagte nicht, Gott das zu sagen. In diesem Augenblick ging gerade die Sonne wieder hinter den Bergen unter. „So, nun versuche es einmal!", sagte Gott leise. „Schließe deine Augen!"
Und wirklich! Das Blümchen legte seine weißen Blütenblätter ganz eng über dem goldgelben kleinen runden Kissen in der Mitte zusammen und staunte über das, was es tat. Es hatte ja überhaupt nicht gewusst, dass es das konnte.

„Siehst du mich?“, hörte es Gottes Stimme.
Da nickte das Blümchen nur. Sprechen konnte es nicht. So glücklich war es. Nur ein bisschen Rot war noch auf den Blütenblättern. Das war übriggeblieben, weil es sich geschämt hatte, als es Gott seinen Kummer vortrug. Bis zum heutigen Tag ist dieses Blümchen eines der bescheidensten, aber auch der schönsten Blumen. Die edlen Rosen und das Löwenmaul machen sich manchmal über das Blümchen lustig. „Dein Name stammt ja von den dummen Gänsen ab!“, sagen sie. Da ist das Gänseblümchen still und ärgert sich kein bisschen. Schließlich weiß jeder, dass die Gänse das schönste Federkleid haben, das man sich denken kann. Und dumm! Nein dumm sind sie wirklich nicht! Aber wenn die Sonne geht, dann schließt das Gänseblümchen schnell seine Augen. Und das können weder die Rose noch das Löwenmaul.
Jetzt müssen wir aber selbst beobachten, ob das Gänseblümchen abends wirklich seine Blütenblätter schließt. Und wer tut es noch?

ROLF KRENZER

Quellenverzeichnis

Bachofer, Annette: Der Koffer © Alle Rechte bei der Autorin

Christ, Andrea: „Dein Glaube hat dir geholfen". Eine Nacherzählung von Mk 5,24–34 aus: Dies., Menschen begegnen Jesus, 2. Aufl., books on demand, 2010 © Alle Rechte bei der Autorin

Gollwitzer, Helmut: Die Ballade von meiner Bibel, aus: Ders., ... und führen, wohin du nicht willst © 2001, Gütersloher Verlagshaus, Gütersloh, in der Verlagsgruppe Random House GmbH, München

Hönick, Eva: Brücke der Musik aus: Dies.: Ein Tropfen im Meer. Miniaturen aus dem Alltag, Morstadt Verlag, Kehl/Strasbourg/Basel © Götz Naleppa

Krenzer, Rolf: Das Märchen vom Gänseblümchen © Rolf Krenzer Erben, Dillenburg

Kuhn, Johannes: Der eiserne Engel © Alle Rechte beim Autor

Laun, Andreas: Die Liebe als Brücke von Zeit zur Ewigkeit © Alle Rechte beim Autor

Lins, Gabriele: Die gestohlene Salami/Nächstenliebe im Café © Alle Rechte bei der Autorin

Pätz, Irene: ... wohl verwählt © Alle Rechte bei der Autorin

Schöne, Gerhard: Das Brot/Der Onkel meines Onkels aus: Ders., Das Perlhuhn im Schnee © Alle Rechte beim Autor

Tamme, Peter: Die Zügezähler © Alle Rechte beim Autor

Unbekannt: Kann man Gott sehen? aus: Kristina Reftel (Hrsg.), Ich habe noch dir gewonnen! Übersetzung: Gabriele Schneider © 2007, Gütersloher Verlagshaus, Gütersloh, in der Verlagsgruppe Random House GmbH, München

Weißenborn, Theodor: Begegnung im Dom aus: Kirchenzeitung Köln 44/2011, S. 21 © Alle Rechte beim Autor

Wagner, Karl-Heinz: Ein Baum erzählt © Alle Rechte beim Autor

Weyers, Klaus: Neun Uhr zweiunddreißig Bahnsteig eins © Alle Rechte beim Autor

Zenetti, Lothar: Verheißung, aus: Ders: Auf Seiner Spur. Texte gläubiger Zuversicht © Matthias Grünewald Verlag der Schwabenverlag AG, Ostfildern 2011. www.verlagsgruppe-patmos.de

Wir danken allen Inhabern von Text- und Bildrechten für die Abdruckerlaubnis. Der Verlag hat sich bemüht, alle Rechteinhaber in Erfahrung zu bringen. Für zusätzliche Hinweise sind wir dankbar.